Robert Schwandl

HAMBURG U-BAHN & S-BAHN ALBUM

Alle Schnellbahnhöfe der Hansestadt in Farbe
All Rapid Transit Stations in the Hanseatic City in Colour

Berlin
2004

HAMBURG U-BAHN & S-BAHN ALBUM

Alle Schnellbahnhöfe der Hansestadt in Farbe
All Rapid Transit Stations in the Hanseatic City in Colour

Nahverkehr in Deutschland – 3
Urban Transport in Germany – 3

Mein Dank für Ihre Hilfe geht an:
My sincere thanks are due to:

Alain May, Alexander Seefeldt, André Loop, Dieter Schultz, Dirk Bartos, Felix Thoma, Hildegard Schweitzer-Thoma, Jordi Serradell, Mark Davies, Norbert Reulke, Olaf Wenke und besonders an Jan Bartelsen und Marcus Schomacker.

Wir danken der Hamburger Hochbahn AG (HHA), der S-Bahn Hamburg GmbH und dem Hamburger Verkehrsverbund (HVV) für die freundliche Unterstützung.

Robert Schwandl Verlag
Hektorstraße 3
D-10711 Berlin

Tel.: (+49 30) 3759 1284
Fax: (+49 30) 3759 1285

www.robert-schwandl.de
info@robert-schwandl.de

1. Auflage 2004

Druck: Ruksaldruck, Berlin

ISBN 3-936573-05-0

Vorwort

Mit diesem Buch möchte ich Sie zu einer Entdeckungsreise durch und unter Hamburg einladen. Wir fahren mit der U-Bahn und der S-Bahn durch die Hansestadt und lernen so ein Stück Stadtgeschichte kennen. Weg von den bekannten Orten am Jungfernstieg oder Hafen bringen uns die Schnellbahnen in alle Himmelsrichtungen, sei es in die Walddörfer im Norden, die Elbvororte im Westen oder Harburg im Süden. Überall sieht Hamburg etwas anders aus, und genauso unterschiedlich sind auch seine Bahnhöfe. Die U-Bahn und die S-Bahn werden zwar von verschiedenen Firmen betrieben, doch bilden sie für den Fahrgast ein einheitliches Netz, das an vielen Stationen Umsteigemöglichkeiten bietet. Zuerst nehmen wir die U-Bahn, deren drei Linien stets an eigenen Bahnsteigkanten halten. Bei der S-Bahn wird es komplizierter, weil sich die 4 Hauptlinien im Stadtzentrum teilweise überlappen und außerdem noch von 2 Verstärkerlinien ergänzt werden. Mehrfach bediente Bahnhöfe werden deshalb nur bei einer Linie vorgestellt. Unter dem Stationsnamen finden Sie weitere Details, hier ein Beispiel:

(1867)	Erster Bahnhof an derselben Stelle vor dem elektrischen S- bzw. U-Bahnbetrieb
14-12-1963	Eröffnung bzw. Beginn des elektrischen S-Bahn- bzw. U-Bahnbetriebs
1,4 km	Abstand zum vorigen Bahnhof
▶ U1 S	Umsteigemöglichkeit zur S-Bahn bzw. zu einer anderen U-Bahnlinie

Ich wünsche Ihnen eine gute Fahrt!

Berlin, im Oktober 2004
Robert Schwandl

Foreword

With this book I would like to take you on a ride through Hamburg. Let's take the U-Bahn and the S-Bahn and explore the city's history. Away from the popular parts like Jungfernstieg or the harbour, the trains will take us to the outskirts, going out to the "Walddörfer" in the north, Blankenese in the west or Harburg in the south. Hamburg has many different faces, and its stations are equally varied. Although the U-Bahn and the S-Bahn are operated by different companies, for the passenger it seems just like a single network with many transfer options. First we'll get on the U-Bahn, which has three separately operated lines. The S-Bahn is more complicated, as the four permanent lines share certain stretches in the inner city, as well as being complemented by two peak-hour only lines. Stations served by various lines are therefore only presented once. Under the station's name you will find other details. Here is an example:

(1867)	*First station at the same location prior to electric S-Bahn or U-Bahn service*
14-12-1963	*Opening date or first day of electric S-Bahn or U-Bahn service*
1.4 km	*Distance from the previous station*
▶ U1 S	*Interchange with another U-Bahn line or the S-Bahn*

I wish you a pleasant journey!

Berlin, October 2004
Robert Schwandl

Inhalt *Contents*

Hamburg

Hamburg ist die zweitgrößte Stadt Deutschlands und trotz einer Entfernung von ca. 100 km von der Nordsee einer der wichtigsten Seehäfen Europas. Hamburg ist gleichzeitig eines der 16 deutschen Bundesländer und liegt beiderseits der Elbe, zwischen Schleswig-Holstein im Norden und Niedersachsen im Süden. Auf einer Fläche von 750 km^2 leben derzeit 1,73 Mio Menschen. In den umliegenden Landkreisen (Pinneberg, Segeberg, Stormarn, Herzogtum Lauenburg, Lüneburg, Harburg und Stade) wohnen auf einem Gebiet von 7870 km^2 weitere 1,55 Mio Menschen, was für den Großraum Hamburg eine Bevölkerungszahl von 3,3 Mio ergibt, die sich auf drei verschiedene Bundesländer verteilen. Diese Aufteilung ist insofern für die Planung von öffentlichem Nahverkehr relevant, da die Länder für die Bestellung der einzelnen Transportleistungen zuständig sind.

Hamburgs vollständiger offizieller Name ‚Freie und Hansestadt Hamburg' geht auf die Mitgliedschaft in der vor allem im Mittelalter starken Hanse zurück, einem Bund von Hafen- und Handelsstädten in Nordeuropa, vor allem rund um die Nordsee und die Ostsee. Während Schleswig-Holstein bis 1866, als es an Preußen fiel, von Dänemark regiert wurde, behielt Hamburg seine Unabhängigkeit als Freie Stadt innerhalb des Deutschen Bundes. Im Süden bildete das Königreich Hannover bis 1837 eine Personalunion mit Großbritannien und wurde 1866 ebenfalls von Preußen einverleibt. Nach dem Zweiten Weltkrieg ging es im neu gegründeten Bundesland Niedersachsen auf.

Durch das ‚Groß-Hamburg-Gesetz' von 1937 verlor Hamburg einige seiner Exklaven, wie Großhansdorf; im Gegenzug wurden dicht besiedelte Städte wie Altona, Harburg oder Wandsbek an Hamburg angegliedert. Nachdem die Bevölkerungszahlen bis in die sechziger Jahre auch in den umliegenden Landkreisen stark angestiegen waren, begann man, ein einheitliches Tarifsystem zu entwerfen. Im Jahr 1967 entstand mit dem ‚Hamburger Verkehrsverbund' (HVV) ein gemeinsamer Fahrschein für S-Bahn, U-Bahn, Elbfähren, Busse und damals auch noch Straßenbahnen und sogar Alsterschiffe. Im Dezember 2002 wurde der HVV auf das gesamte Gebiet der vier nördlich angrenzenden Landkreise ausgeweitet, seither gelten HVV-Fahrscheine auch in allen Regionalzügen (RB, RE). Die Einbeziehung der in Niedersachsen angrenzenden Landkreise in den HVV-Tarif ist für Dezember 2004 geplant.

Wie in den meisten deutschen Städten ist das **Tarifsystem** ziemlich kompliziert und für den gelegentlichen Besucher schwer zu verstehen. Das HVV-Gebiet wird in Zonen und Ringe eingeteilt, wobei die Stadt Hamburg und manche angrenzenden Gemeinden den sog. ‚Großbereich Hamburg' darstellen. Fahrscheine sind am Automaten oder in größeren Bahnhöfen auch an besetzten Schaltern erhältlich. Sie müssen nicht entwertet werden und können somit nicht im Voraus gekauft werden. Im Jahr 2004 gelten für den ‚Großbereich' (auszugsweise) folgende Fahrpreise (in Euro):

- Einzelfahrschein 2,40
- Tageskarte 5,50 – ab 9 Uhr oder am Wochenende 4,65
- 3-Tageskarte 13,30
- Wochenkarte 21,00 (auch für kleinere Bereiche dementsprechend günstiger erhältlich)
- Monatskarte 79,00 (auch für kleinere Bereiche dementsprechend günstiger erhältlich)

Für Wochen- und Monatskarten benötigt man eine persönliche Kundenkarte.

Im Verhältnis zu seiner Einwohnerzahl und im Vergleich mit anderen europäischen Städten dieser Größe kann Hamburg stolz auf sein Schnellbahnnetz sein. Innerhalb der Stadtgrenzen liegen mehr als 130 U- bzw. S-Bahnhöfe, an denen mindestens alle 10 Minuten ein Zug hält. Aufgrund der Lage des Stadtzentrums zwischen dem nördlichen Elbufer und der Binnenalster laufen alle Linien sowohl am Hauptbahnhof als auch am Jungfernstieg zusammen (s. Netzplan Seite 142). Wie in Westberlin wurden leider auch in Hamburg ab den fünfziger Jahren alle Straßenbahnstrecken eingestellt, auch wenn es in den letzten Jahren wiederholt Vorschläge für eine Wiedereinführung gab, vor allem auf tangentialen Strecken, die von der U-Bahn oder S-Bahn nicht bedient werden.

Hamburg

Hamburg is Germany's second largest city, and, despite a distance of approx. 100 km from the North Sea, one of Europe's principal ports. At the same time, Hamburg is one of Germany's 16 federal states, located in the north of the country on both sides of the river Elbe, between Schleswig-Holstein in the north and Lower Saxony (Niedersachsen) in the south. Its current population is 1.73 million in an area of 750 km². The population of the neighbouring counties (Pinneberg, Segeberg, Stormarn, Herzogtum Lauenburg, Lüneburg, Harburg and Stade) amounts to 1.55 million in an area of 7870 km², thus creating a metropolitan area of approx. 3.3 mill. spread over three different federal states. This administrative situation is very relevant when it comes to public transport planning, as local rail services are the competence of the respective governments.

Hamburg's full official name 'Freie und Hansestadt Hamburg' refers back to its history as a member of the medieval Hanseatic League, a union of ports and other merchant towns in Northern Europe around the North Sea and the Baltic. While Schleswig-Holstein was under Danish rule until 1866, when it became part of Prussia, Hamburg remained an independent city-state within the German empire. To the south, the Kingdom of Hanover formed a personal union with Great Britain until 1837, and was also absorbed by Prussia in 1866. After World War II, it became part of the new federal state of Lower Saxony.

Through the 'Greater Hamburg Act' passed in 1937, Hamburg lost some of its former exclaves like Großhansdorf, but in return, it annexed densely populated towns like Altona, Wandsbek and Harburg. As the areas around the city of Hamburg became more and more populated in the 1960's, an improved integration of all transport operators was necessary. In 1967, the 'Hamburger Verkehrsverbund' (HVV) created a single ticket for all means of local transport: S-Bahn, U-Bahn, buses, Elbe ferries (and originally Alster ferries too) and even the trams that were still in operation then. In December 2002, the HVV area was extended to all four neighbouring counties to the north of Hamburg. Since then, the HVV ticket has been valid for regional trains (RB, RE) too. The expansion of the HVV area to include the counties in Lower Saxony, south of Hamburg, is planned for December 2004.

As in most German cities, the ***fare system*** *is rather complex and difficult to understand for the casual visitor. The HVV area is divided into zones and rings, with Hamburg and some surrounding municipalities forming the inner area known as 'Großbereich Hamburg'. Tickets can be bought from machines or from ticket counters at major stations; they do not have to be validated and cannot be bought in advance. As is normal in Germany, there are no ticket gates, but sporadic ticket inspections are carried out on trains or in stations. As of 2004, some fares for the 'Großbereich' are (in Euro):*

- *Single ticket 2.40*
- *Day Pass 5.50, after 09:00 and on weekends 4.65*
- *3-Day Pass 13.30*
- *Weekly Pass 21.00 (also available for smaller areas at a lower rate)*
- *Monthly Pass 79.00 (also available for smaller areas at a lower rate)*

Weekly and monthly passes are not transferable and need a personal customer card.

For its population, and considering other European cities of the same size, Hamburg can be quite proud of its rapid transit system. Within the city boundaries there are more than 130 S-Bahn and U-Bahn stations, each offering a train at least every 10 minutes. Due to the city centre's location between the northern shore of the Elbe river and the Binnenalster, all lines converge both at Hauptbahnhof and Jungfernstieg (see map on page 142). Like West Berlin, Hamburg unfortunately began to abandon all tramway lines in the 1950's, although there have been proposals to bring them back, mainly for tangential routes not covered by the S-Bahn or U-Bahn.

Seit Eröffnung der Verlängerung bis Norderstedt Mitte im Jahre 1996 hat das Hamburger U-Bahnnetz eine Gesamtlänge von 100,7 km mit 89 ‚Haltestellen', wie es in Hamburg meist heißt. Davon liegen 12,4 km außerhalb Hamburgs im benachbarten Bundesland Schleswig-Holstein. Bei einem mittleren Stationsabstand von 1038 m ergibt sich eine durchschnittliche Reisegeschwindigkeit von 32,5 km/h.

Ab 1866 fuhren in Hamburg Pferdestraßenbahnen, die erste Strecke führte vom Rathausmarkt nach Wandsbek, wo ab 1876 auch der Straßenbahnbetrieb mit Dampflokomotiven begann. Ab 1894 wurden die meisten Straßenbahnstrecken elektrifiziert, die letzte Pferdestraßenbahn verschwand jedoch erst 1922. Die Straßenbahngesellschaft wurde 1918 mit der Hamburger-Hochbahn-Aktiengesellschaft (HHA) fusioniert, welche bis heute für den U-Bahn- und Busbetrieb in der Hansestadt verantwortlich ist. Das Straßenbahnnetz erreichte seine größte Ausdehnung in den fünfziger Jahren, doch ab 1956 begann der Abbau, bis 1978 die letzte Strecke, die Linie 2 nach Schnelsen, den Betrieb einstellte.

1894 legten die Firmen ‚Siemens & Halske' und die ‚Allgemeine Elektrizitäts Gesellschaft' (AEG) einen gemeinsamen Plan für den Bau einer Hoch- und Untergrundbahn vor. Lange Zeit wurde auch eine Schwebebahn nach Wuppertaler Vorbild in Betracht gezogen. ‚Siemens & Halske' und die ‚AEG' erhielten schließlich 1905, also drei Jahre nach Eröffnung der ersten Strecke in Berlin, den Auftrag für ein 28 km langes Netz, das ganz auf Hamburger Gebiet verlaufen sollte. Dieses Netz bestand aus der 17,5 km langen Ringlinie mit drei Außenästen, 1,8 km nach Eimsbüttel, 3,2 km nach Rothenburgsort und 5,4 km nach Ohlsdorf. Nachdem die Bauarbeiten 1906 begonnen hatten, konnte der Betrieb nach 5 1/2-jähriger Bauzeit aufgenommen werden. Die Eröffnung des Ostrings fand am 15. Februar 1912 statt, genau 10 Jahre nach Inbetriebnahme der Berliner U-Bahn. Der planmäßige Verkehr begann am 1. März 1912. Die Hamburger Hochbahn wird über eine von unten bestrichene Stromschiene mit 750 V Gleichstrom versorgt.

Die **Ringstrecke** besteht je nach Gelände aus Tunnel-, Damm- und Viaduktstrecken, wodurch eine fast steigungsfreie Trassierung erreicht werden konnte. Nur in der Innenstadt wurde sie aus städtebaulichen Gründen unterirdisch angelegt. Auf diese Weise entstand die einzige steile Rampe zwischen Rödingsmarkt und Rathausmarkt (siehe S. 73, oben rechts). Alle Tunnelstrecken wurden in offener Bauweise in einfacher Tiefenlage gebaut. Der Abschnitt zwischen Rathaus und Hauptbahnhof wurde zusammen mit dem Durchbruch der heutigen Mönckebergstraße erstellt, der Tunnel unter den Gleisen des Hauptbahnhofs (13,2 m unter Straßenoberfläche) wurde bereits mit dessen Neubau 1906 fertig gestellt.

Die Bahnhöfe auf dem Ring hatten im Norden und Westen Mittelbahnsteige (auch auf den daran anschließenden Strecken), im Süden und Osten jedoch Seitenbahnsteige (auch auf der ehemaligen Rothenburgsorter Zweiglinie). Außer am Hauptbahnhof gab es zunächst nur an einem Bahnsteigende Zugänge. Die Bahnsteige waren ursprünglich nur 60 m lang, sie wurden 1926/27 für 6-Wagen-Züge auf 90 m verlängert.

Die Zweiglinie nach **Rothenburgsort** begann am Hauptbahnhof, wo sie die heute nicht mehr vorhandenen inneren Gleise benutzte. Sie erreichte am Besenbinderhof die Oberfläche und führte als Hochbahn über die Gleise der Hauptbahn nach Berlin und Lübeck, dann entlang des Nagelswegs, d.h. etwas westlich der heutigen S3-Strecke durch Hammerbrook. Es gab Haltestellen an der Spaldingstraße, Süderstraße und Billstraße (später Brückenstraße). Die Strecke führte weiter auf einem Damm, unter der Bergedorfer Eisenbahn durch und erreichte schließlich Rothenburgsort, wo die Endstation auf einem Damm direkt neben dem heutigen S-Bahnhof lag. Alle Bahnhöfe hatten ein Satteldach ähnlich dem am Bahnhof Baumwall. Die am 27. Juli 1915 eröffnete Strecke war von Anfang an schlecht ausgelastet. Sie sollte deshalb ab 1917 bis Billbrook verlängert werden, doch blieben die Bauarbeiten im Zuge des 1. Weltkriegs stecken. Im 2. Weltkrieg wurde der Stadtteil Hammerbrook fast komplett zerstört, so dass man beschloss, die Hochbahnstrecke nicht wieder aufzubauen. Der Betrieb musste bereits 1943 eingestellt werden.

U-BAHN

In 1996, when the extension to Norderstedt-Mitte was completed, the Hamburg U-Bahn network reached its current length of 100.7 km with 89 stations. 12.4 km lies outside the city of Hamburg in the neighbouring state of Schleswig-Holstein. With an average station distance of 1038 m, the travel speed is 32.5 km/h.

Hamburg's first horse-drawn tramway began running from Rathausmarkt to Wandsbek in 1866, steam operation starting on that same route ten years later. From 1894 most tramway lines were electrified, although the last horse tram survived until 1922. In 1918, the tramway company merged with the 'Hamburger-Hochbahn-Aktiengesellschaft' (HHA - Hamburg Elevated Railway Company), which is still in charge of U-Bahn and bus operation in the city. The tram network reached its largest extension in the 1950's, although by 1956 the first lines were already being closed down. In 1978, line 2 to Schnelsen was the last tramway on Hamburg's streets.

In 1894, the big electric companies 'Siemens & Halske' and 'Allgemeine Elektrizitäts Gesellschaft' (AEG) presented a joint project for the construction of an elevated and underground railway. After the option of a suspended railway following the example of Wuppertal had also been considered for a long time, the two companies eventually began work in 1906 on a 28 km network, which was planned to run entirely on Hamburg territory. The network consisted of a 17.5 km ring line with three branches – 1.8 km to Eimsbüttel, 3.2 km to Rothenburgsort and 5.4 km to Ohlsdorf. Construction was completed in 5 1/2 years, the eastern section of the circular route opening on 15 February 1912, exactly 10 years after Berlin's U-Bahn. Regular passenger service began on 1 March 1912. The Hamburg U-Bahn runs on 750 V direct current, which is collected from the lower side of a third rail.

To keep the ***ring line*** *on a level alignment, it was built in tunnels, on embankments or on viaducts, depending on the terrain. Only through the city centre was a full underground solution chosen, in order to avoid viaducts in narrow streets; this explains the only steep ramp on th line, found between Rödingsmarkt and Rathausmarkt stations (see p. 73, top right). All underground sections were built by cut-and-cover just below street level. The construction of the section between Rathaus and Hauptbahnhof was completed at the same time as the laying out of Mönckebergstraße. This was accomplished by demolishing numerous buildings to create what is now Hamburg's main shopping street. The tunnel under the tracks of the Central Station (13.2 m below street level) had already been excavated by the time it opened in 1906.*

All stations on the northern and western sections of the ring line, as well as on the linking branches, have island platforms; those in the south and east, however, have side platforms (so too did the former Rothenburgsort branch). Except for Hauptbahnhof, all platforms initially had only one access. The original platforms of 60 m were extended to 90 m in 1926/27 to allow the use of 6-car trains.

The branch line to ***Rothenburgsort*** *began at the Central Station, where it used the inner tracks, which are now covered. At Besenbinderhof it came to the surface, continued on an elevated structure across the mainline tracks to Berlin and Lübeck, and then along Nagelsweg, i.e. a bit further west of today's line S3 through Hammerbrook. There were elevated stations at Spaldingstraße, Süderstraße and Billstraße (later Brückenstraße). The route continued on an embankment under the railway line to Bergedorf and reached its terminus at Rothenburgsort, parallel to the current S-Bahn station. All stations had a saddle roof similar to that at Baumwall. The branch line opened on 27 July 1915. Being underused from the beginning, it was meant to be extended to Billbrook from 1917 on, but construction was disrupted by World War I. During World War II the district of Hammerbrook was almost totally destroyed, so that rebuilding the elevated line was later considered unnecessary. Operation on this route came to a halt in 1943.*

Die ca. 28 km lange **Walddörferbahn** entstand aus der Tatsache, dass Hamburg bis 1937 einige Exklaven im preußischen Holstein hatte, nämlich die Walddörfer Farmsen, Volksdorf, Wohldorf und Groß-Hansdorf. Erste Pläne für eine Bahnverbindung in diese Orte wurden 1911 vorgelegt. Da die Strecke teilweise durch preußisches Gebiet zu führen war, musste eine Einigung erzielt werden.

Volksdorf und Wohldorf waren bereits vorher mit der Bahn erreichbar, und zwar mit der Lübeck-Büchner-Eisenbahn bis Rahlstedt, dann weiter mit der 'Elektrischen Kleinbahn Alt-Rahlstedt-Volksdorf-Wohldorf', einer Art Überlandstraßenbahn, auf der es auch Güterverkehr gab. Die Walddörferbahn verkehrte zwischen Volksdorf und Ohlstedt parallel zur Kleinbahn, welche 1904 von Altrahlstedt bis Volksdorf und 1907 weiter bis Wohldorf eröffnet worden war. Der Personenverkehr auf dem ersteren Abschnitt wurde 1923 eingestellt. Mit Elektrifizierung der Walddörferbahn 1925 diente die Kleinbahn nur noch als Anschlussbahn von Ohlstedt nach Wohldorf (1,8 km) durch den Wohldorfer Wald. Doch auch dieses Stück wurde 1961 geschlossen. Die Strecke der Walddörferbahn verläuft meist auf einem Damm oder im Einschnitt. Bis Kriegsanfang 1914 war die Bahn weitgehend fertig, bis Beimoor sogar zweigleisig. Wegen Materialmangels war vorerst allerdings kein Betrieb möglich. 1918-1919 konnte schließlich ein provisorischer Betrieb mit im Krieg erbeuteten belgischen Dampflokomotiven aufgenommen werden. Das zweite Gleis des Großhansdorfer Astes wurde wieder abgebaut, bis Beimoor sogar beide Gleise, und als Stromschiene verwendet, so dass ab 1920 bis Volksdorf elektrisch gefahren werden konnte. Nach und nach wurden alle Strecken auf beiden Gleisen elektrifiziert (siehe Tabelle S. 141). Der Abschnitt Großhansdorf – Beimoor wurde allerdings nie in Betrieb genommen.

Die 7,7 km lange **Langenhorner Bahn** von Ohlsdorf nach Ochsenzoll stellte anfangs eine eigenständige Bahnstrecke dar, sie wurde aber bald gemeinsam mit der Hochbahn betrieben. Sie sollte die ländlichen Gebiete im Hamburger Norden erschließen, um eine Abwanderung in ruhigere Gegenden im benachbarten Preußen zu verhindern (z.B. ins Alstertal). Die Bauarbeiten begannen bereits 1913, vor Inbetriebnahme der Ohlsdorfer Strecke 1914, kamen aber durch den ersten Weltkrieg ins Stocken. Die Langenhorner Bahn verläuft abwechselnd auf einem Damm oder im Einschnitt, so dass das ausgehobene Erdreich zur Dammaufschüttung verwendet werden konnte. Parallel wurde auch ein Gütergleis verlegt.

Der provisorische Betrieb mit Dampfzügen begann am 5. Januar 1918 vorerst auf dem Gütergleis. Alle Haltestellen erhielten Mittelbahnsteige. Die Zugänge, welche einheitlich im 'norddeutschen Heimatstil' aus Backstein errichtet wurden, sind nach vielen Umbauten nur noch vereinzelt erhalten.

Bis zum 2. Weltkrieg erreichte das Netz der Hamburger Hochbahn eine Länge von 64 km, ab 1955 wurde der Ausbau vor allem unterirdisch fortgesetzt. Mehrere dringend notwendige Erweiterungen wurden jedoch trotz Jahrzehnte alter Planungen bis heute nicht verwirklicht, so der Anschluss der Neubaugebiete Lurup/Osdorfer Born oder Steilshoop, oder eine bessere Anbindung der City Nord. Die Strecke nach Steilshoop soll mittelfristig als Teil des Projekts einer neuen U4 in Verbindung mit einer kurzen Strecke in die HafenCity gebaut werden. Dabei soll die U4 zwischen Rathaus und Barmbek den Ostring mitbenutzen. Für die Ausfädelung am Rathaus muss der bestehende U-Bahnhof völlig umgebaut werden. Die Tunnelstrecke in die HafenCity soll im Schildvortrieb gebaut werden. Mit einem Baubeginn ist aber nicht vor 2007 zu rechnen. In ferner Zukunft könnte diese Zweiglinie Richtung Wilhelmsburg verlängert werden.

Blick vom Michel im April 2003 über das Gelände der geplanten HafenCity. Im Vordergrund die U3 zwischen Baumwall und Rödingsmarkt.
View from St. Michaelis Church towards the planned HafenCity area. In the foreground, a U3 train between Baumwall and Rödingsmarkt.

The approx. 28 km **'Walddörferbahn'** [Forest Village Line] came into being due to the fact that, until 1937, Hamburg had several exclaves in the Prussian province of Schleswig-Holstein, namely the villages of Farmsen, Volksdorf, Wohldorf and Groß-Hansdorf. The first plans for a railway link were presented in 1911. As the line would have had to run through Prussian territory, an agreement had to be achieved with the neighbouring authorities. Volksdorf and Wohldorf were already accessible by train then – on the Lübeck line to Rahlstedt, and from there on a kind of interurban tramway, which also carried goods traffic. Between Volksdorf and Ohlstedt, the 'Walddörferbahn' was aligned parallel to this line, which had opened from Altrahlstedt to Volksdorf in 1904, and further on to Wohldorf in 1907. Passenger traffic on the first section was discontinued in 1923, and when the 'Walddörferbahn' was electrified in 1925, the tram route was cut back to a short 1.8 km stretch between Ohlstedt and Wohldorf. This last section was eventually abandoned in 1961.

The 'Walddörferbahn' route lies mainly on an embankment or in a cutting. The line was almost finished when World War I began in 1914; the branch to Großhansdorf was even double-tracked up to Beimoor, but due to lack of materials, operation could not begin. In 1918/19 a temporary service was able to be offered using Belgian steam locomotives captured in the war. The second track to Großhansdorf and both tracks to Beimoor were then dismantled and used as current rails instead. In this way electric operation began, extending as far as Volksdorf by 1920, with the remaining stretches following a few years later (see table on p. 141). The Großhansdorf – Beimoor section was never brought into service.

The 7.7 km **'Langenhorner Bahn'** from Ohlsdorf to Ochsenzoll was originally an independent line, which was soon operated jointly with the U-Bahn. It was built to develop the rural areas in the north of Hamburg to reduce the number of people moving to neighbouring Prussia, e.g. to the Alster valley. Construction on this line began in 1913, before the opening of the Ohlsdorf branch in 1914, but it was slowed down by World War I. The alignment of the 'Langenhorner Bahn' alternates between embankment and cutting, allowing excavated soil to be used to raise embankments. Parallel to the U-Bahn a goods track was also laid. Temporary service with steam trains on the goods track began on 5 January 1918. All stations have island platforms; station buildings were designed in typical Northern German redbrick style, although the many changes mean that only a few are preserved in their original design.

Until the outbreak of World War II, the Hamburg U-Bahn network had a length of 64 km. Its expansion continued mainly underground from 1955 on. Some urgent extensions, which have been on the drawing board for years, have not yet been built though, e.g. a line to the large residential areas at Lurup/Osdorfer Born in the west or Steilshoop in the north, or a station in the centre of the City Nord. The route to Steilshoop is now included in a mid-term project for a new line, the planned U4 from Bramfeld/Steilshoop to the HafenCity, a huge docklands development project. This line will share the eastern section of the ring line between Rathaus and Barmbek. To create a junction, the current Rathaus station will have to be totally rebuilt. The tunnel from there to the harbour area will be built by tunnel boring machines, although construction will not begin before 2007. One day, this branch may be continued to Wilhelmsburg.

U1 Norderstedt Mitte – Ohlstedt / Großhansdorf

Das älteste Teilstück der heutigen U1 ist der Abschnitt Kellinghusenstraße – Ohlsdorf, der als einer von drei Abzweigen von der ursprünglichen Ringlinie bereits seit 1914 in Betrieb ist. Vier Jahre später begann auch der Verkehr auf der sog. Walddörferbahn von Barmbek über Volksdorf nach Großhansdorf und Ohlstedt, auch wenn der elektrische Betrieb auf dieser Strecke noch bis 1920/21 auf sich warten ließ. 1921 fuhren die Hochbahnzüge auch schon auf der Langenhorner Bahn von Ohlsdorf weiter nach Ochsenzoll. In den ersten Jahren erreichten die Züge aus dem Norden das Stadtzentrum nur auf einem Umweg über den Hafen, was bedeutende Zeitverluste mit sich brachte. Deshalb begann man Mitte der Zwanziger Jahre eine direkte unterirdische Verbindung bis Jungfernstieg im Stadtzentrum zu bauen, die sog. 'Kelljung-Linie' oder Rothenbaum-linie. Um die Fahrzeit so kurz wie möglich zu halten, wurden auf dieser Strecke für einen Innenstadtbereich relativ lange Stationsabstände gewählt.

10 Jahre nach dem 2. Weltkrieg begann man schließlich, das Netz weiter auszubauen. Einerseits sollte die seit 1931 am Jungfernstieg endende Linie an den Hauptbahnhof angebunden werden, andererseits wollte man den dicht besiedelten Stadtbezirk Wandsbek an das Schnellbahnnetz anschließen. Aus diesen beiden Projekten entstand bis 1963 eine durchgehende Linie von Ochsenzoll bis weit hinaus nach Ohlstedt bzw. Großhansdorf.

1969 folgte noch die Verlängerung von Ochsenzoll über die Stadtgrenze hinweg bis Garstedt und schließlich 1996 bis Norderstedt Mitte, wobei in beiden Fällen die U-Bahn die Trasse der Alsternordbahn (heute A2) übernahm.

Seit der Gründung des Hamburger Verkehrsverbunds 1967 trägt diese Linie die Bezeichnung U1; sie war bereits seit 1960 auf Netzplänen blau dargestellt worden. Die U1 hat heute eine Gesamtlänge von 55,5 km mit 46 Stationen. 16 Bahnhöfe liegen unterirdisch auf insgesamt etwa 14 km langen Tunnelstrecken (im Innenstadtbereich und in Garstedt). Während der mittlere Stationsabstand im inneren Bereich zwischen Ohlsdorf und Wandsbek-Gartenstadt 883 m beträgt, was einer typischen U-Bahn gleich kommt, liegen die Stationen auf dem östlichen Ast, der Walddörferbahn, mit durchschnittlich 1784 m wesentlich weiter auseinander, so dass man diesen Streckenabschnitt eher mit einer typischen S-Bahn vergleichen könnte.

Zwischen Ohlsdorf und Wandsbek Markt verkehrt die U1 tagsüber im 5-Minuten-Takt, weiter nach Norderstedt Mitte bzw. Volksdorf besteht mindestens ein 10-Minuten-Takt. Auf den Außenästen nach Ohlstedt und Großhansdorf (ab Buchenkamp eingleisig) wird im Normalverkehr ein 20-Minutentakt angeboten. In den Hauptverkehrszeiten wird der 5-Minuten-Takt bis Norderstedt Mitte, bzw. auf dem Ostast bis Farmsen oder Volksdorf ausgedehnt. In der Morgen- und Nachmittagsspitze werden auch Ohlstedt und Großhansdorf im 10-Minuten-Takt bedient. Auf der Linie U1 konnten im Laufe der Jahrzehnte alle Bahnsteige auf mindestens 120 m verlängert werden, so dass der Einsatz von 8-Wagen-Zügen (meist DT4, selten DT3 mit 9 Wagen) kein Problem darstellt. Da der Fahrplan auf der U1 Streckenhöchstgeschwindigkeiten von 80 km/h vorsieht, ist der Einsatz von DT2-Zügen auf dieser Linie ausgeschlossen.

The oldest part of today's line U1 is the section Kellinghusenstraße – Ohlsdorf, which was one of the original ring line branches and opened in 1914. Four years later, operation also began on the so-called 'Walddörferbahn', although this line was not electrified until 1920/21. From 1921, U-Bahn trains also ran on the 'Langenhorner Bahn' from Ohlsdorf to Ochsenzoll. During the first years, trains from the northern parts of Hamburg could only reach the city centre via the harbour, which was obviously a time consuming detour. To solve this problem, construction of a direct underground route to Jungfernstieg, the so-called 'Kelljung-Line' or Rothenbaum line, began in the mid-1920's. To reduce travel times, stations were placed at relatively long distances from each other on this inner city stretch.

Ten years after the end of World War II, expansion of the network was resumed. On the one hand, the line that had terminated at Jungfernstieg since 1931 was planned to be linked to the Central Station, while on the other hand the densely populated areas in the district of Wandsbek were to be given a fast link to the city centre. Both projects were combined, and by 1963, a long direct route from Ochsenzoll to Ohlstedt and Großhansdorf had been created. In 1969, the Ochsenzoll leg was extended beyond the city boundaries to Garstedt, and eventually in 1996 to Norderstedt Mitte, replacing on both occasions the Alsternordbahn (now A2).

With the founding of the 'Hamburger Verkehrsverbund' (HVV – tariff union) in 1967, this line was assigned the number U1; since 1960 it had been shown in blue on network maps. Line U1 has a total length of 55.5 km with 46 stations. Along the approx. 14 km of underground sections there are 16 stations (in the city centre and in Garstedt). The average station distance on the inner section between Ohlsdorf and Wandsbek-Gartenstadt is 883 m, quite typical for an U-Bahn network; on the eastern branch (the 'Walddörferbahn'), however, the average distance is 1784 m, which is rather more comparable with a typical S-Bahn network.

Between Ohlsdorf and Wandsbek Markt, line U1 has a daytime frequency of 5 minutes, trains continuing to Ohlstedt and Volksdorf at least every 10 minutes. The outer branches to Ohlstedt and Großhansdorf (which is single-track from Buchenkamp) are normally served every 20 minutes. During peak hours, the 5-minute headway is extended to Norderstedt Mitte and Farmsen or Volksdorf; Ohlstedt and Großhansdorf can also be reached every 10 minutes during peak hours. On line U1 all platforms were extended to 120 m, so that 8-car trains could be used (mostly DT4, occasionally 9-car DT3 trains). DT2 trains are not used on U1, as the timetable requires maximum speeds of 80 km/h.

U1 Norderstedt Mitte

28-09-1996 | ▶ A2

1996 erfolgte die bislang letzte Erweiterung des U-Bahnnetzes, das somit 100 km Netzlänge erreicht hat. Die Station **Norderstedt Mitte** liegt im Einschnitt im Zentrum der erst 1970 gegründeten Stadt Norderstedt, nur der südliche Teil des Bahnhofs befindet sich noch in einem anschließenden 330 m langen Tunnelstück. Das nicht elektrifizierte AKN-Gleis befindet sich zwischen den stumpf endenden Hochbahngleisen, so dass man bequem umsteigen kann. Der Bahnhof ist seitlich offen, um die Abgase der Dieselzüge entweichen zu lassen. Über dem südlichen Zugang wurde ein Busbahnhof errichtet. Die Backsteinarchitektur des Bahnhofs von Adelhelm & Dittmer passt sich gut an die Umgebung an.

*With the extension to **Norderstedt Mitte** in 1996, the U-Bahn reached its current length of 100 km. This station lies in a cutting (the southern end is just inside the adjoining 330 m tunnel) in the centre of the new town of Norderstedt, which was only founded in 1970. The AKN track, which is not electrified, is located between the two U-Bahn tracks, so that changing trains is very easy here. The station is open on both sides to allow diesel exhaust fumes to escape. On top of the southern part of the station a bus terminal was built. The station's brick architecture by Adelhelm & Dittmer fits in well with the surrounding area.*

U1 Richtweg

28-09-1996 | 1,4 km

Der U-Bahnabschnitt in Norderstedt ist im Besitz der Verkehrsgesellschaft Norderstedt (VGN), wird aber durch die HHA betrieben. Der Bahnhof **Richtweg** erhielt ein tief heruntergezogenes Bahnsteigdach als Wetterschutz, die Zugangsüberbauung am Nordende des Bahnhofs dient auch als Brücke für Fußgänger und Fahrradfahrer. Für die Gestaltung war das Architektenbüro Rintz, Baas & Schulte verantwortlich.

*The U-Bahn route in Norderstedt is owned by the 'Verkehrsgesellschaft Norderstedt', but operated on their behalf by HHA. **Richtweg** station has a peculiar canopy-type platform roof, which provides protection in bad weather. The access, located at the northern end of the station, can be used as a bridge by pedestrians and cyclists. The architects Rintz, Baas & Schulte were in charge of this station's design.*

Garstedt

U1

01-06-1969 I 1,3 km

In **Garstedt** endeten von 1969 bis 1996 die A2-Züge (Alsternordbahn), deren Haltestelle sich damals seitlich neben dem ‚Heroldcenter' befand. Die Verlängerung der U-Bahn von **Ochsenzoll** nach **Garstedt** war die Bedingung für die Genehmigung, die Flughafenstartbahn außerhalb Hamburgs zu verlängern. Der Bahnhof **Garstedt** liegt in einem ca. 560 m langen Tunnelabschnitt, der in einem unbebauten Gebiet errichtet wurde. Nach seiner Fertigstellung entstand über dem Bahnhof ein Einkaufszentrum.

*From 1969 to 1996, **Garstedt** was the terminus for line A2 (Alsternordbahn), its stop lying next to the 'Heroldcenter'. Hamburg had to extend the U-Bahn from **Ochsenzoll** to **Garstedt** in return for permission to extend the Airport's runway on to **Garstedt** territory. Garstedt station lies in a 560 m long tunnel, which was built on then undeveloped land. After its completion, a shopping mall was erected on top of the station.*

U1 Ochsenzoll

(1918) 01-07-1921 | 1,6 km

Der Bahnhof **Ochsenzoll** wurde in der Nähe der 'Irrenanstalt' angelegt – Ochsenzoll ist für Hamburger Synonym für 'Klapsmühle'. Der ursprüngliche Backsteinbau wurde 1963 für die geplante Verlängerung nach **Garstedt** abgerissen. Der Bahnsteig wurde auf 11 m verbreitert und abgesenkt, um die Langenhorner Chaussee unterqueren zu können. Es wurden Zugänge auf beiden Seiten dieser Straße geschaffen, so dass man zu allen Bussen ohne Überqueren der Straße umsteigen kann. Zwischen 1953 und 1967 bestand hier eine Umsteigemöglichkeit zur Alsternordbahn.

Ochsenzoll *soon became the northern terminus of the U-Bahn, providing a link to the nearby psychiatric hospital. The original brick building was demolished in 1963 in preparation for the extension to* ***Garstedt****. The platform was widened to 11 m and lowered, so that the line could continue beneath the Langenhorner Chaussee. Entrances were built on both sides of this road, so that passengers transferring from buses need not cross the road. From 1953 until 1967,* ***Ochsenzoll*** *was also the terminus of the Alsternordbahn.*

U1 Kiwittsmoor

10-05-1960 | 1,0 km

Der Bahnhof **Kiwittsmoor** wurde erst 1960 in die bestehende Strecke eingefügt, um neue Wohnungen und die Krankenhäuser Ochsenzoll und Heidberg besser zu erschließen. Die Station hat sich seit ihrer Inbetriebnahme wenig verändert.

Kiwittsmoor *station was only added along the existing route in 1960, with the aim of providing a better service to new residential areas and the Ochsenzoll and Heidberg hospitals. The station has hardly changed since its inauguration.*

Langenhorn Nord

U1

(1919) 01-07-1921 | 1,7 km

Der Bahnhof **Langenhorn Nord** entspricht noch weitgehend dem Original, auch wenn der Backstein rund um das Eingangsportal vor einigen Jahren verputzt wurde.

Langenhorn Nord *station is largely preserved in its original condition, although the bricks around the entrance portal were plastered over a few years ago.*

U1 Langenhorn Markt

(1918) 01-07-1921 I 1,3 km

Das an der nordwestlichen Ecke des Bahnhofs **Langenhorn Markt** (bis 1969 Langenhorn Mitte) stehende Eingangsgebäude ist in seinem Original erhalten. 1975 wurde eine Verlängerung des Bahnsteigs unter der Straße Krohnstieg/Gehlengraben mit einem zweiten Ausgang abgeschlossen, auf diese Weise wurde ein Zugang mit Aufzug zu einem Einkaufszentrum und einem mehrstöckigen Parkhaus, der ersten Park & Ride-Anlage der Hamburger U-Bahn, geschaffen.

The station building at ***Langenhorn Markt*** *(until 1969 Langenhorn Mitte), located at the northwestern corner of the station complex, is well preserved. In 1975, the platform was extended under Krohnstieg/Gehlengraben road to create a direct access to a shopping centre and multi-storey car park, the U-Bahn's first park & ride facility.*

U1 Fuhlsbüttel Nord

01-07-1921 I 1,0 km

Der Bahnhof **Fuhlsbüttel Nord** wurde nicht sofort gebaut, da durch die geringe Bebauung eher preußisches als hamburgisches Gebiet erschlossen worden wäre. Auch das Argument der Nähe zur ehemaligen ‚Luftschiffhalle' (der spätere Flughafen) war nicht stark genug. Wegen geringer Auslastung wurde die Haltestelle im November 1923 wieder geschlossen, nach Protesten im April 1924 jedoch wieder geöffnet. Dieser Bahnhof heißt erst seit 1984 Fuhlsbüttel Nord. Er wurde als Langenhorn Süd eröffnet, 1934 in Flughafen und dann 1954 in Flughafenstraße umbenannt. Der auf einem Damm liegende Bahnhof ist weitgehend im Original erhalten, der Zugang erfolgt unter den Gleisen am Nordende.

Fuhlsbüttel Nord *station was only built several years after the others, as it was too close to Prussian territory, and the area inside Hamburg was not very developed at that time. The small airport nearby still did not attract enough passengers either. Due to low ridership the station was even closed again in November 1923, but reopened in April 1924 after loud protests. The station has been called Fuhlsbüttel Nord since 1984; opened as Langenhorn Süd, it was renamed Flughafen in 1934 and Flughafenstraße in 1954. The station lies on an embankment and is well preserved. Access is from the street under the tracks on the northern side.*

Fuhlsbüttel

U1

(1918) 01-07-1921 I 1,1 km

Das Eingangsgebäude des Bahnhofs **Fuhlsbüttel** ist weitgehend im ursprünglichen Zustand erhalten, auch wenn es in den fünfziger Jahren Umbauten gab. 1990 wurde der Treppenaufgang zum Einbau eines Aufzugs und einer Rolltreppe neu gebaut. Wünschenswert wäre wohl auch ein südlicher Zugang von der Hummelsbütteler Landstraße, was aber wegen der geringen Breite des Bahnsteigs technisch schwierig machbar zu sein scheint.

*The station building at **Fuhlsbüttel** is well preserved, although some modifications were carried out during the 1950's. In 1990, the staircase was totally rebuilt to include both a lift and an escalator. A direct southern access from Hummelsbütteler Landstraße would be useful, but due to the narrow platform here it could be difficult to realise.*

U1 Klein Borstel

(1921) 25-05-1925 | 0,6 km

Der Bahnhof **Klein Borstel** war bereits 1920 fertig, er wurde jedoch wegen geringer Fahrgastzahlen bis 1925 wieder geschlossen. Der ursprüngliche Backsteinbau ist nicht erhalten. Die Bahnsteige wurden 1939 und 1974 verlängert, 1956 bekam die Station bei einer Modernisierung ihr heutiges Aussehen. Neben dem Bahnhof entsteht derzeit das Tunnelbauwerk für die Flughafen-S-Bahn.

***Klein Borstel** station began operation in 1920, but due to low ridership it was closed again soon after until 1925. The original brick building has disappeared. Platforms were extended in 1939 and 1974; the station's current appearance dates from 1956. Next to the station, construction of the S-Bahn link to the Airport is currently well underway.*

U1 Ohlsdorf

01-12-1914 | 0,9 km | ► S

Schon 1906 wurde in **Ohlsdorf** eine Haltestelle der ‚Hamburg-Altonaer Stadt- und Vorortbahn' (heute S1) in Betrieb genommen, die die erste Verbindung zum städtischen Zentralfriedhof herstellte. 1914 wurde direkt westlich der Stadtbahnstation ein Bahnsteig für die U-Bahn errichtet, dazu kam drei Jahre später noch ein zweiter Bahnsteig für die Langenhorner Bahn. 1937 wurden die beiden westlichen Bahnsteige zusammengelegt, indem man die inneren Gleise entfernte und so einen breiten Bahnsteig schuf. Die weiterhin bestehenden doppelten Treppenaufgänge wurden schließlich 1955 zu einem neuen Zugang vereint, der weiß gekachelt wurde und eine Decke aus Glasbausteinen erhielt. 1972 wurde der Bahnsteig verlängert und Rolltreppen eingebaut. 2001 entstand das bunte Glasdach im Zuge eines behindertengerechten Ausbaus des U-Bahnhofs.

__Ohlsdorf__, the location of the city's main cemetery, was the terminus for the first urban railway line in 1906 (now S1). In 1914, directly to the west of the S-Bahn station, a platform for the U-Bahn was built, with another platform for the ,Langenhorner Bahn' being added three years later. In 1937, the inner two U-Bahn tracks were dismantled and a wide platform created in their place. The two staircases were replaced by a single access in 1955, which was decorated with white tiles and a ceiling made of glass bricks. In 1972, the platform was extended and an escalator built in. The colourful glass roof was added in 2001 when the station was made accessible for the handicapped.

Sengelmannstraße **U1**

26-09-1975 I 1,4 km

Die Station **Sengelmannstraße** (City Nord) war bereits in den Anfangsjahren zum Anschluss der ‚Alsterdorfer Anstalten' vorgesehen, sie wurde jedoch erst mit dem Bau der City Nord verwirklicht. Dabei wurde ein zweiter Bahnsteig für eine zukünftige Linie (meist U4 genannt) von **Sengelmannstraße** über **Borgweg**, Uhlenhorst, **Hauptbahnhof Nord**, **Jungfernstieg** nach Lurup vorbereitet. Den südlichen Bahnsteig erreicht man über eine orange geflieste Unterführung.

__Sengelmannstraße__ (City Nord) station was actually planned from the beginning to provide access to Alsterdorf hospital, but was finally only realised together with the City Nord urban development. It was built with two island platforms to provide for a future line (mostly referred to as U4) from __Sengelmannstraße__ to Lurup via __Borgweg__, Uhlenhorst, __Hauptbahnhof Nord__ and __Jungfernstieg__. The southern platform is accessible via an underpass tiled in orange.

U1 Alsterdorf

01-12-1914 | 0,8 km

Während der Bahnsteig des Bahnhofs **Alsterdorf** noch relativ original erhalten ist, wurde der Zugang Mitte der siebziger Jahre modernisiert und eine Rolltreppe eingebaut. Das Zugangsgebäude musste 1998 wegen Baufälligkeit abgetragen werden.

*Although the platform at **Alsterdorf** is in relatively original condition, the entrance area was modernised in the 1970's and an escalator built in. The station building had to be torn down in 1998 due to its poor condition.*

U1 Lattenkamp

01-12-1914 | 1,3 km

Der Bahnhof **Lattenkamp (Sporthalle)** wurde 1980-82 umgebaut, wobei ein neuer Zugang mit Fahrtreppen und Aufzug in Bahnsteigmitte errichtet wurde. Der Eingang befand sich vorher am südlichen Bahnsteigende zwischen den Gleisen zur Straße Meenkwiese. Auf der Westseite entstand ein überdachter Zugang zur Bushaltestelle Bebelallee.

Lattenkamp (Sporthalle) *station was rebuilt in 1980–82 with new stairs, escalators and a lift in the central part of the station. Access was formerly from the street at the southern end of the station. On the western side, a covered path to the bus stop in Bebelallee was built.*

Hudtwalckerstraße U1

01-12-1914 | 0,6 km

Hudtwalckerstraße ist neben **Mundsburg** die am besten erhaltene Station der Anfangsjahre. Im Vergleich zu den Bauwerken der Ringbahn entwarfen die hauseigenen Architekten Volz & Vogel hier einen einfachen Eingang unter den Gleisen in Klinkerbauweise mit monumentalen Portalen, an denen der Stationsname versehentlich jeweils ohne ‚c' eingemeißelt wurde.

Besides ***Mundsburg***, ***Hudtwalckerstraße*** *is the best-preserved station of the early years. Unlike buildings along the ring line, the architects Volz & Vogel created here a simple brick access under the tracks with massive portals, where the 'c' in the station's name was left out by mistake on both sides.*

Kellinghusenstraße

10-05-1912 | 0,9 km | ► U3

Die U1 überquert nördlich des Bahnhofs **Kellinghusenstraße** das äußere Gleis der Ringlinie und benutzt hier die Innengleise. Bereits vor dem Bau der Langenhorner Bahn gab es Pläne für eine direkte Verbindung in die Innenstadt, welche aber erst 18 Jahre später verwirklicht wurde (Kelljung-Linie). Der Bahnhof war von Anfang an viergleisig, wobei bis 1914 nur die äußeren Ring-Gleise genutzt wurden. Um 1928 wurden beide Bahnsteige verlängert und mit einem reizvollen Brückenbauwerk zur Verbindung beider Bahnsteige versehen.

North of ***Kellinghusenstraße*** *station, line U1 crosses the outer ring line track to stop on the inner tracks of the station. The station was built with four tracks, as an extension towards the city centre had been considered from the beginning. Until 1914 only the outer tracks were used, and the planned extension was only completed 18 years later. In 1928, both platforms were extended, as well as being linked at the southern end by an interesting covered bridge structure.*

02-06-1929 | 0,9 km

Klosterstern ist die älteste original erhaltene Untergrundstation. Sie wurde vom Architekten Walter Puritz im Stil der Neuen Sachlichkeit mit expressionistischen Elementen entworfen und 1987 zum 75. Geburtstag der Hochbahn im alten Stil restauriert, wofür der Bahnhof völlig entkernt werden musste, da an den Wänden erhebliche Wasserschäden festzustellen waren. Die bereits früher entfernten dreieckigen Lampen wurden wieder angebracht. Am südlichen, noch erhaltenen Zugangspavillon von Karl Schneider wurde die ehemalige HOCHBAHN-Aufschrift wieder eingefügt.

__Klosterstern__ is the oldest underground station still in its original condition. It was designed by architect Walter Puritz in New Functionalism style with expressionist elements. For the U-Bahn's 75th birthday in 1987, it was restored to its original state, the tiles having to be taken off the walls as severe water damage was visible. The triangular lamps, which had in time disappeared, were reinstalled. At the preserved southern entrance pavilion the original HOCHBAHN logo was restored.

U1 Hallerstraße

02-06-1929 I 1,0 km

Der Bahnhof **Hallerstraße**, der während der Nazi-Zeit Ostmarkstraße hieß, wurde Mitte der neunziger Jahre renoviert. Die Seitenwände wurden dabei mit in Form und Farbe dem Original nachgebildeten Emailplatten verkleidet, welche das Durchdringen von Feuchtigkeit verhindern. In der Mitte des Bahnsteigs nehmen zwei Ölbilder und ein angedeuteter Tennisplatz auf dem Boden Bezug auf die Tennistradition am Rothenbaum. Auf dem langen Abschnitt zwischen **Hallerstraße** und **Stephansplatz** gab es seit den fünfziger Jahren Pläne für eine Zwischenstation Johnsallee, um die Universität besser anzuschließen.

Hallerstraße *station, which was called Ostmarkstraße during the Nazi years, was renovated in the mid-1990's. To prevent humidity from penetrating, the walls were covered with enamel panels, which still bear the original form and colour. In the middle of the platform, two paintings and a tennis court on the floor refer to the tennis tradition at Rothenbaum. Since the 1950's, there have been plans for another station at Johnsallee, along the long stretch between* ***Hallerstraße*** *and* ***Stephansplatz****, to improve access to the University.*

Stephansplatz U1

02-06-1929 | 1,6 km | ► Ⓢ Dammtor

Wohl aus Konkurrenzgründen wurde der Bahnhof **Stephansplatz (Oper/CCH)** nicht direkt am Bahnhof **Dammtor** gebaut, so dass man heute zwischen U-Bahn und S-Bahn mehrere Hundert Meter zurücklegen muss. Die Hochbahn bevorzugte eine Umsteigestation zu den eigenen Straßenbahnlinien am Stephansplatz. Am Nordausgang ist der Eingangspavillon von Distel & Grubitz erhalten, am Südausgang findet man noch die ursprüngliche, erst kürzlich renovierte Treppenbrüstung. Der ursprünglich mit blauen und weißen Wandfliesen ausgestattete Bahnhof wurde 1973 zur IGA (Internationale Gartenbau-Ausstellung) modernisiert, u.a. mit Fahrtreppen, grüner Wandverfliesung und gelber Decke. Die gegen Zugluft und Kälte schützenden Flügeltüren in den Vorhallen verschwanden bei dieser Renovierung. Gleichzeitig entstanden in der Nähe das Kongresszentrum und das Plaza Hotel.

*Competition between the S-Bahn and the U-Bahn was clearly the reason why **Stephansplatz (Oper/CCH)** station was not built directly under **Dammtor** station, so transferring passengers now have to walk a few hundred metres. Instead, the HHA preferred here the construction of a good interchange station between U-Bahn and tramlines. At the northern end, the entrance pavilion by Distel & Grubitz is well preserved, while at the southern end, a recently restored access can be seen. The station, which originally had blue and white tiles, was refurbished in 1973 for the International Gardening Exhibition. Escalators were built in, walls tiled green and the ceiling painted yellow. The doors in the vestibule, which protected against draught and cold, were removed at this time. Nearby, the Congress Centre (CCH) and the Plaza Hotel were also erected then.*

U1 Jungfernstieg

25-03-1931 | 0,8 km | ▶ U2 U3 S

Der Bahnhof **Jungfernstieg** wurde 1931 provisorisch im Streckentunnel als eingleisige Anlage mit Behelfsbahnsteig eröffnet, erst am 28. April 1934 ging die heutige Station in Betrieb. Sie befindet sich unter der Reesendammbrücke und war der erste Unterwasserbahnhof Deutschlands. Außerdem handelte es sich um den ersten Hamburger U-Bahnhof mit Rolltreppe.
Im Zuge der Verlängerung der Linie Richtung **Hauptbahnhof** konnte im Oktober 1958 ein breiter Verbindungsgang zur U3 über dem Streckentunnel eröffnet werden, beide Stationen hießen von nun an ‚Rathaus'. Anfang der siebziger Jahre wurden die ursprünglichen roten und weißen Wandfliesen durch orangefarbene ersetzt. Als 1973 eine Umsteigemöglichkeit zur neuen U2 geschaffen wurde, kehrte der Name Jungfernstieg zurück.

*The first station at **Jung-fernstieg** was opened in 1931 as a temporary platform inside a single-track tunnel. The permanent station was only completed in 1934. It lies under the Reesendamm Bridge and was Germany's first underwater station. It was also Hamburg's first U-Bahn station with an escalator. Together with the extension towards **Hauptbahnhof**, a pedestrian tunnel on top of the running tunnel opened in October 1958 between this line and the ring line. Both stations were then renamed ‚Rathaus'. In the early 1970's the then red and white tiles were replaced by the current orange ones. When U2 opened in 1973, the earlier name of Jungfernstieg was once again used for the U1 station.*

Meßberg

U1

22-02-1960 I 0,7 km

Beim Bahnhof **Meßberg** handelt es sich um den ersten U-Bahnhof nach 26 Jahren kriegsbedingter Pause. Er erschließt die Bürogebäude in der südlichen Altstadt und bietet außerdem kurze Wege in die Speicherstadt. In den fünfziger Jahren gab es Pläne für eine hier kreuzende Ost-West-Linie parallel zum nördlichen Elbufer (Teufelsbrück – Rothenburgsort). Der Bahnhof sollte deshalb viergleisig werden, wobei der heutige Bahnhof den nördlichen Bahnsteig darstellen würde.
1979 mussten die ursprünglich in senkrechten Feldern angeordneten gelben und orangefarbenen Fliesen durch neue, jetzt in verschiedenen Gelb- und Brauntönen, ersetzt werden.

*When it opened, **Meßberg** was the first new U-Bahn station in 26 years, due to a break caused by the war. This station serves the office blocks in the southern part of the Old Town, and lies a short walk from the 'Speicherstadt'. In the 1950's there were plans for an east-west line along the northern Elbe shore (Teufelsbrück – Rothenburgsort), crossing U1 at **Meßberg**. The current platform would be the northernmost of two providing cross-platform interchange. In 1979 the original tiles, laid vertically in yellow and orange tones, had to be replaced by new yellow and brown ones.*

Steinstraße

U1

02-10-1960 I 0,5 km

Wegen der bei **Meßberg** erwähnten Kreuzung mit einer weiteren Linie und der anschließenden Unterfahrung des Hauptbahnhofsgeländes musste der Bahnhof **Steinstraße** 18 m unter der Straßenoberfläche angelegt werden. Der Entwurf stammt von den Architekten Schramm & Elingius. Die indirekte Beleuchtung der Mittelsäulen gibt der hohen Bahnsteighalle ein besonderes Flair.

*Due to the planned junction at **Meßberg** mentioned above, and the necessity of crossing under the terrain of the Central Station, **Steinstraße** station had to be built 18 m below street level. It was designed by the architects Schramm & Elingius. The indirect illumination of the central columns produces a special atmosphere in this station.*

U1 Hauptbahnhof Süd

02-10-1960 | 0,4 km | ▶ U2 U3 S

1959 wurde bei der Unterfahrung des Hauptbahnhofs in Deutschland erstmals der Schildvortrieb beim U-Bahnbau angewandt, dabei handelt es sich um zwei eingleisige Tunnelröhren mit 6 m Durchmesser, die zusammen eine Länge von ca. 550 m ergeben. Der Bahnhof **Hauptbahnhof Süd** der U1 (der Zusatz ‚Süd' kam 1968 hinzu) liegt südlich parallel zum seit 1912 existierenden Bahnhof der U3. Die anfangs rote Decke über den Gleisen ist heute hellgrau gestrichen. Der gemeinsame östliche Ausgang führt zum Busbahnhof (ZOB).

In 1959, the stretches under the tracks of the Central Station were the first tunnels bored by means of mechanical shields in Germany. The two single-track tunnels each have a diameter of 6 m and together a total length of 550 m.
*Line U1's **Hauptbahnhof Süd** station ('Süd' was added in 1968) lies parallel to and on the southern side of the U3 station, which had opened in 1912. The originally red ceiling above the tracks is now painted light grey. The eastern exit leads to the main coach terminal.*

U1 Lohmühlenstraße

02-07-1961 | 0,9 km

Östlich des Hauptbahnhofs kreuzt die U1 sowohl die U3 als auch die tiefliegende U2 und erreicht den Bahnhof **Lohmühlenstraße** im Stadtteil St. Georg. Die Mittelstützen dieses Bahnhofs wurden erst Ende der neunziger Jahre mit Fliesen ummantelt, sie waren vorher mit schwarz-weiß geädertem Naturstein verkleidet.

*East of the Central Station, U1 crosses both line U3 and the deep line U2 before arriving at **Lohmühlenstraße** in St. Georg. The central pillars were only covered with tiles towards the end of the 1990's; previously they had been lined with black and white stone.*

Lübecker Straße

02-07-1961 | 0,7 km | ▶ U2

Der neue Zugang mit einem Betonkuppeldach von Sandtmann und Grundmann entstand im Zuge des Baus der U1, bei gleichzeitigem Umbau der alten Ringhaltestelle. 1999/2000 wurden die Wände der U1-Station mit Emailplatten verkleidet, am westlichen Ende ist noch die ursprüngliche Fliesenverkleidung erkennbar.

The new access, with its dome-shaped concrete roof designed by Sandtmann and Grundmann, was built together with the U1 extension; at the same time the old ring line station was rebuilt. In 1999/2000, the U1 station walls were covered with enamel panels, the original tiling still being visible at the western end of the platform.

U1 Wartenau

01-10-1961 | 0,8 km

In den fünfziger und sechziger Jahren tauchte in den U-Bahn-Planungen immer wieder die sog. Alsterhalbringlinie (Altona – Schlump – Hallerstraße – Mundsburg – Burgstraße – Veddel) auf, die die Strecke nach Wandsbek am Bahnhof **Wartenau** gekreuzt hätte. Der Bahnhof **Wartenau** wurde 1991 renoviert, wobei auch der Bahnsteig erhöht wurde. Die heute weißen Mittelstützen waren früher leuchtend gelb und bescherten diesem Bahnhof neben weiß und grün eine dritte Farbe.

In the 1950's and 1960's various plans for a semicircular line around the Alster appeared (Altona – Schlump – Hallerstraße – Mundsburg – Burgstraße – Veddel). This line would have crossed line U1 at ***Wartenau****. The station was renovated in 1991, when the platform was raised. he white pillars used to be yellow, adding a third colour to the white-and-green colour scheme of the station.*

U1 Ritterstraße

28-10-1962 | 0,8 km

Nachdem die ursprünglich grauen, in senkrechtem Rasterverband angeordneten Fliesen an den Wänden abzufallen begannen, wurde der Bahnhof **Ritterstraße** 1987 neu gekachelt, wobei das Motiv des Ritters in die neue Gestaltung aufgenommen und die Zackenform an die ursprüngliche Deckenstruktur angepasst wurde.

With the original grey and vertically arranged tiles at ***Ritterstraße*** *beginning to fall off, the station had to be refurbished in 1987. The theme of the street's name [knight] was used on the walls, where the jagged tiling design follows the form of the ceiling.*

Wandsbeker Chaussee

U1

28-10-1962 | 0,8 km | ▶ Ⓢ

Beim Bau der U1 musste die im Einschnitt liegende S-Bahn östlich des U-Bahnhofs **Wandsbeker Chaussee** unterfahren werden. Leider wurde dabei kein direkter Übergang zwischen beiden Schnellbahnen geschaffen, so dass Umsteiger eine kurze Strecke im öffentlichen Straßenraum zurücklegen müssen. Der in der Grundfarbe blau gestaltete U-Bahnhof verfügt über eine gefaltete Rabitzdecke, die sechseckigen Säulen wurden erst in den Neunzigern weiß und blau gefliest.

*When U1 was extended, the S-Bahn route lying in a cutting had to be crossed east of **Wandsbeker Chaussee** station; unfortunately, no direct corridor was built between the two rapid transit systems, so passengers have to walk a short distance along the street. The mainly blue station has a folded ceiling design; the hexagonal pillars were covered with white and blue tiles in the 1990's.*

U1 Wandsbek Markt

28-10-1962 | 0,6 km

Der Bau einer U-Bahn nach Wandsbek wurde erst nach Eingemeindung Wandsbeks im Jahre 1937 (Groß-Hamburg-Gesetz) aktuell, die Bauarbeiten begannen im Bereich **Wandsbek Markt** im Oktober 1960, nachdem hier die Straßenbahn eingestellt worden war. Am Ostausgang dieses Bahnhofs entstand ein großer Busbahnhof mit täglich ca. 50.000 Fahrgästen und 15 Buslinien, welcher 2003 modernisiert wurde. Der U-Bahnhof, der mit großformatigen Keramikfliesen nach einem Entwurf von Schramm & Elingius gestaltet ist, wird derzeit renoviert, wobei ein Aufzug eingebaut wird.

*A U-Bahn extension to Wandsbek was only considered after the 1937 'Greater Hamburg Act' annexed the once separate town. The construction of **Wandsbek Markt** station began in 1960 after the tramlines had been closed down in this area. Adjacent to the eastern exit a large bus terminal was built and modernised in 2003 to handle 15 bus lines and 50,000 daily passengers. The U-Bahn station was designed by Schramm & Elingius and boasts large-size tiles. It is currently being renovated and a lift being added.*

Straßburger Straße

U1

03-03-1963 | 1,3 km

Nachdem der U-Bahnbau von **Wandsbek Markt** bis **Wandsbek-Gartenstadt** im Sommer 1961 begonnen hatte, konnte im März 1963 vorerst ein eingleisiger Betrieb bis **Straßburger Straße** aufgenommen werden. Mit Fertigstellung der restlichen Strecke im August 1963 wurde auch das zweite Gleis in Betrieb genommen. Eine großflächige Verfliesung der Wände in blau, rotbraun, grau und weiß macht eine farbliche Identifizierung dieses Bahnhofs sehr schwierig. Die Bahnhofsbeleuchtung wurde 2001 erneuert und die Säulen wurden grau gestrichen.

*After construction of the section from **Wandsbek Markt** to **Wandsbek-Gartenstadt** had begun in 1961, single-track operation up to **Straßburger Straße** started in March 1963. The second track was brought into service when the line was completed in August 1963. Large areas of blue, red-brown, grey and white tiles make it difficult to associate this station with a particular colour scheme. The station's illumination was improved in 2001, and at the same time the pillars were painted grey.*

Alter Teichweg

04-08-1963 | 0,5 km

Ähnlich wie beim Nachbarbahnhof **Straßburger Straße** wurden auch in der Station **Alter Teichweg** die Wände in unterschiedlichen Flächenfarben (blau, rot, mattschwarz) verfliest, allerdings erhält dieser vom Architekten Fritz Trautmann gestaltete Bahnhof durch die einzigen Seitenbahnsteige auf der Wandsbeker Strecke und die glänzend schwarzen Mittelstützen genug Wiedererkennungswert für die Fahrgäste. Die heute nicht mehr genutzte Abfertigerkanzel befindet sich über den Gleisen und dem einzigen Ausgang der Station am nördlichen Bahnsteigende.

*In **Alter Teichweg** station large areas of tiles in different colours (blue, red, black) are evident, as at the neighbouring station **Straßburger Straße**. This station, designed by Fritz Trautmann, is the only station on the Wandsbek route with side platforms, a feature that together with the black pillars helps distinguish it from the rest. The train dispatcher's office, now out of service, is located above the tracks and the only exit, which is located at the northern end of the platforms.*

U1 Wandsbek-Gartenstadt

(1918 / 1920) 04-08-1963 I 1,1 km I ▶ U2

Der Bahnhof **Wandsbek-Gartenstadt** wurde wie alle anderen Stationen der Walddörferbahn von Eugen Göbel im einheitlichen Heimatstil der zwanziger Jahre als zweigeschossiger Backsteinbau errichtet; das Eingangsportal wurde 1963 angefügt. Es handelt sich hier um einen klassischen Erschließungsbahnhof, da beim Bau der Walddörferbahn in dieser Gegend kaum eine Bebauung existierte. Beim Anschluss der U1 wurde ein zweiter nördlicher Bahnsteig errichtet, das Dach dazu stammte vom Bahnhof **Farmsen**, der ebenfalls umgebaut wurde.

*The 2-storey redbrick building at **Wandsbek-Gartenstadt** was designed in the 1920's by Eugen Göbel in the typical style employed at all stations along the 'Walddörferbahn'. The station was built in what was then a largely undeveloped area, and helped to attract new residents. The entrance portal was added in 1963, when U1 was linked up with the existing line. A second platform had to be added to the north of the existing one, its roof being taken from **Farmsen** station, which was also being rebuilt at that time.*

U1 Trabrennbahn

(1918) 06-09-1920 I 2,0 km

Während der Bahnhof **Wandsbek-Gartenstadt** bis 1937 außerhalb Hamburgs lag, gehörte die Station **Trabrennbahn** zur Hamburger Exklave Farmsen. Dieser Bahnhof war anfangs nur an Renntagen geöffnet. Er behielt seinen Namen, obwohl die Trabrennbahn längst in ein Wohngebiet umgewandelt worden war. In den neunziger Jahren sollte er jedoch in ‚Traberweg' umbenannt werden. Der Bahnhof wurde 2003 saniert.

Whereas ***Wandsbek-Gartenstadt*** *was located outside Hamburg until 1937,* ***Trabrennbahn*** *station [trotting course] belonged to the Hamburg exclave of Farmsen. Initially this station was only open on racing days. The station name remained, although the racecourse has long since become a residential area. In the 1990's there were proposals to change its name to 'Traberweg'. The station was totally refurbished in 2003.*

Farmsen

U1

(1918) 06-09-1920 I 1,4 km

Der ursprünglich zweigleisige Bahnhof **Farmsen** befindet sich auf einem Damm, dem ein standardisiertes Bahnhofsgebäude vorgelagert ist. Der Bahnhof befand sich nördlich des alten Dorfkerns von Farmsen, was schon vor 1937 zu Hamburg gehörte; erst in den fünfziger Jahren setzte hier eine verstärkte Siedlungstätigkeit ein. Um 1960 war noch Platz genug, um hier eine Betriebswerkstatt für die U-Bahn zu bauen. Ab 1961 wurde der alte Bahnhof auf vier Gleise erweitert und mit einem weiteren Bahnsteig versehen. Seither ist **Farmsen** Endstation für manche Züge. 1996 wurden im Zuge eines Umbaus die Bahnsteige erhöht und ein Glasdach errichtet, außerdem entstand ein neuer Zugang mit zwei Aufzügen auf der Westseite der August-Krogmann-Straße.

Farmsen *station lies on an embankment and initially had only two tracks. It is located north of an old village which was already part of Hamburg before 1937; the area became more densely populated in the 1950's. In 1960, there was still space available for a large U-Bahn depot and workshop. From 1961, the station was expanded with a second platform and four tracks. Several trains now terminate at* ***Farmsen****. In 1996, the platforms were raised and a glass roof erected. A new access including two lifts was built on the western side of August-Krogmann-Straße.*

U1 Berne

(1918) 06-09-1920 I 2,6 km

Der Bahnhof **Berne** wurde 1966 umgestaltet, wobei ein direkter Zugang von einer neuen Brücke errichtet wurde. Dadurch ergeben sich kürzere Wege für die Anwohner östlich der Bahnstrecke, wo sich ein kleines Stadtteilzentrum entwickelt hat. Der Übergang vom alten Eingangsgebäude, das heute als Restaurant dient, wurde abgerissen.

***Berne** station was rebuilt in 1966, when a direct access was made from a new bridge. This way the station became more easily accessible for passengers from the eastern side of the railway line, where a small shopping precinct had emerged. The former footbridge from the old station building, which is now used as a restaurant, was demolished.*

U1 Meiendorfer Weg

07-04-1925 I 1,6 km

Der Bahnhof **Meiendorfer Weg** ist die einzige Station an der Walddörferbahn, die kein richtiges Eingangsgebäude bekam. Die Station wurde erst 1925 eröffnet und 1983 modernisiert.

***Meiendorfer Weg** station is the only one along the 'Walddörferbahn' without the typical brick building originally seen at all the other stations. The station was not opened until 1925, and modernised in 1983.*

Volksdorf

U1

(1918) 06-09-1920 I 1,5 km

Volksdorf ist die einzige Station der Walddörferbahn, die sich vom Einheitsstil unterscheidet. Als dreigleisige Verzweigungsstation wurde hier eine Bahnsteighalle errichtet. Der Bahnhof wurde 1979 und 1998 renoviert. Bei der ersten Renovierung wurde die Empfangshalle neu gestaltet, wobei eine originale Stütze erhalten blieb.

***Volksdorf** was originally the only station along the 'Walddörferbahn' with a design different from that of the others. As a junction it was laid out with three tracks under a vaulted roof. The station was refurbished in 1979 and again in 1998. During the first renovation, the vestibule was redesigned to leave only one of the original pillars.*

U1 Buckhorn

(1918) 01-02-1925 | 1,6 km

Der Bahnhof **Buckhorn** (anfangs Volksdorf Nord) liegt in einem Einschnitt und weist ein typisches, landhausartiges Eingangsgebäude aus rotem Backstein auf, das noch in seinem ursprünglichen Zustand erhalten ist.

***Buckhorn** station (initially called Volksdorf Nord) lies in a cutting and boasts a typical redbrick station building in the style of a country house. It is well preserved in its original design.*

U1 Hoisbüttel

(1918) 01-02-1925 | 1,6 km

Hoisbüttel (anfangs Lottbek) ist der einzige Bahnhof des Ohlstedter Astes, der sich beim Bau und auch heute noch auf einem nur ca. 500 m langen Abschnitt außerhalb Hamburgs befindet. 1989 wurde ein zweiter Zugang errichtet, 1993 folgte ein behindertengerechter Ausbau.

***Hoisbüttel** station (originally called Lottbek) is the only station along the Ohlstedt branch that is located on a 500 m stretch outside Hamburg. In 1989 a second entrance was built, and in 1993 a lift was added.*

Ohlstedt

U1

(1918) 01-02-1925 | 2,0 km

Zwischen dem Endbahnhof **Ohlstedt**, der anfangs die Bezeichnung Wohldorf trug, und dem Dorfkern von Wohldorf existierte bis 1961 eine Verbindung mit der sog. Kleinbahn, zuletzt eine Art Waldstraßenbahn, die auf alten Plänen als Teil der Hochbahnstrecke dargestellt war.

Between the terminus ***Ohlstedt*** *(originally called Wohldorf) and the village of Wohldorf, an interurban tramway provided a direct link up to 1961. On older maps this line was included as part of the U-Bahn network.*

U1 Buchenkamp

(1918) 05-11-1921 | Volksdorf 1,7 km

Der Bahnhof **Buchenkamp** (anfangs Volksdorf Ost) liegt auf einem Damm in einem bis vor wenigen Jahren relativ dünn besiedelten Gebiet. Es handelt sich um die letzte Station auf Hamburger Gebiet und hier endet auch die zweigleisige Strecke. Wiederholt gab es Überlegungen, die U-Bahn hier enden zu lassen und die restliche Strecke bis **Großhansdorf** stillzulegen. Zwischen **Buchenkamp** und **Ahrensburg West** war anfangs ein weiterer Halt in Wulfsdorf geplant, die Trassenerweiterung dafür ist noch heute erkennbar.

__Buchenkamp__ station (initially called Volksdorf Ost) lies on an embankment in an area which until a few years ago was only sparsely populated. __Buchenkamp__ is the last station on Hamburg territory and also the end of the double-track route. There have been repeated calls to cut the line here and close down the remaining stretch to __Großhansdorf__. Between __Buchenkamp__ and __Ahrensburg West__ another station was initially planned at Wulfsdorf, where the widening of tracks can still be observed today.

U1 Ahrensburg West

(1918) 05-11-1921 | 2,8 km

Der Bahnhof **Ahrensburg West** (bis 1952 nur Ahrensburg), ursprünglich auf freiem Land gelegen, befindet sich heute am südwestlichen Stadtrand der schleswig-holsteinischen Stadt. Er liegt in einem tiefen Einschnitt, um östlich des Bahnhofs die Unterquerung der Lübecker Bahn zu ermöglichen. Es handelt sich um einen typischen Walddörfer-Bahnhof mit seinem standardisierten Eingangsgebäude und der daran angeschlossenen, mit großen Fenstern versehenen Gewölbehalle, die die Verbindung zum Bahnsteig darstellt. Der Bahnhof ist zweigleisig ausgebaut, um auf der eingleisigen Strecke Zugkreuzungen zu ermöglichen.

***Ahrensburg West** station (until 1952 simply called Ahrensburg), lies at the southern edge of Ahrensburg in Schleswig-Holstein. It was built in a deep cutting to allow for a crossing under the Lübeck railway to the east of the station. The typical redbrick station building is linked to the platform by a covered footbridge with large windows. As the line is single-track, a passing loop was built here.*

Ahrensburg Ost U1

17-06-1922 I 1,6 km

Der Bahnhof **Ahrensburg Ost** wurde als Ahrensburg Süd eröffnet, zwischendurch trug er außerdem die Bezeichnung Hopfenbach. Die im Jahre 2004 modernisierte Station verfügt nur über ein Gleis für beide Fahrtrichtungen, die zweite Gleistrasse blieb bisher ungenutzt.

***Ahrensburg Ost** station was opened with the name Ahrensburg Süd, and previously also bore the name Hopfenbach. The station was refurbished in 2004. It only has one track, although the second track bed is clearly visible.*

U1 Schmalenbeck

(1918) 05-11-1921 I 1,5 km

Am Bahnhof **Schmalenbeck** (anfangs Schmalenbeck West) sollte ursprünglich die U-Bahn vom Norden über **Großhansdorf** kommend enden. Wie in **Ahrensburg West** sind auch hier Zugkreuzungen möglich.

*The original idea for the U-Bahn line was for it to approach **Schmalenbeck** (initially called Schmalenbeck West) from the north via **Großhansdorf**. Like at **Ahrensburg West**, train crossings are possible here along the single-track route.*

U1 Kiekut

17-06-1922 I 1,6 km

Der als Schmalenbeck Ost eröffnete Bahnhof **Kiekut** verfügt wie alle anderen Bahnhöfe der Walddörferbahn über einen Mittelbahnsteig, jedoch liegt nur ein Gleis für beide Fahrtrichtungen. Das anfangs bereits verlegte zweite Gleis wurde nach dem ersten Weltkrieg wieder abgebaut und zur Elektrifizierung der Strecke benutzt. Das ursprüngliche Backsteingebäude wurde Anfang der neunziger Jahre abgerissen, stattdessen entstand eine kleine Ladenzeile mit U-Bahnzugang.

Kiekut *station originally opened as Schmalenbeck Ost. Like all other stations along the 'Walddörferbahn', it has an island platform, but only one track is available for both directions. The second track was dismantled after World War I and used as a current rail instead. The small entrance building was demolished in the 1990's and replaced by a small row of shops.*

Großhansdorf U1

(1918) 05-11-1921 I 1,2 km

Groß-Hansdorf, so die alte Schreibweise, war und ist Bestandteil der sog. Walddörfer. Sie waren, wie auch Ohlstedt, Farmsen-Berne und Volksdorf, Teil des Hamburgischen Staatsgebietes und als solche Exklaven innerhalb Preußens. 1937 wurde mit dem ‚Groß-Hamburg-Gesetz' eine Gebietsreform verfügt, wodurch unter anderem Groß-Hansdorf eine eigenständige Landgemeinde wurde, im Gegenzug aber Städte wie Wandsbek, Altona und Harburg mit Hamburg zusammengefasst wurden.
Im Bahnhof **Großhansdorf** wurde 2004 ein Aufzug eingebaut und der Bahnsteig teilweise erhöht, um einen behindertengerechten Einstieg zu ermöglichen.
Der Ast nach **Großhansdorf** sollte eigentlich um 1,3 km bis Beimoor verlängert werden. Der Rohbau samt Stationsgebäude wurde sogar ausgeführt, aber nie vollendet. Der Bahnsteig ist bis heute erkennbar, während das Stationsgebäude nach dem 2. Weltkrieg zur Baustoffgewinnung abgetragen wurde.

Groß-Hansdorf, as it was formerly written, is one of the 'forest villages'. Like Ohlstedt, Farmsen-Berne and Volksdorf, it was originally a Hamburg exclave surrounded by Prussian territory. Through the 'Greater Hamburg Act' passed in 1937, Wandsbek, Altona and Harburg were annexed, whereas Großhansdorf became part of Prussian Schleswig-Holstein.
In 2004, ***Großhansdorf*** *station was equipped with an elevator and the platform partly raised to provide full accessibility for the handicapped.*
The ***Großhansdorf*** *branch was meant to be extended by 1.3 km to Beimoor. That station was partially built and is still visible today. The station building, however, was dismantled after World War II and the material used elsewhere.*

U2 Niendorf Nord – Wandsbek-Gartenstadt

Den ältesten Teil der U2 bildet der östliche Ring zwischen Barmbek und Berliner Tor, der am 15. Februar 1912 als erstes Teilstück der Hamburger Hochbahn in Betrieb genommen wurde. Aus den ersten Jahren der U-Bahn stammen auch die Stationen Christuskirche, Emilienstraße und Osterstraße, die einst zusammen mit dem früheren Endbahnhof Hellkamp die Eimsbütteler Zweiglinie der Ringlinie bildeten. Im Zuge der Vorarbeiten für eine neue Linie Stellingen – Billstedt wurde die Eimsbütteler Strecke ab 1964 für ca. ein Jahr gesperrt. Dabei wurde die Station Osterstraße vollkommen umgebaut, die Station Hellkamp weiter westlich durch die Station Lutterothstraße ersetzt und schließlich eine oberirdische Verlängerung bis Hagenbecks Tierpark gebaut. Gleichzeitig begannen die Bauarbeiten für eine tief angelegte, schnelle Verbindung durch die Innenstadt zwischen Schlump und Berliner Tor, die in mehreren Etappen eröffnet wurde und anfangs von Pendelzügen (U21 Hauptbahnhof Nord – Barmbek und U22 Schlump – Gänsemarkt) bedient wurde. Seit 1973 fuhr die U2 nun durchgehend von Hagenbecks Tierpark bis Farmsen. 1979 begann der Weiterbau der U2 von Hagenbecks Tierpark nach Niendorf durch relativ dünn besiedelte Gebiete. 1991 erreichte die U2 mit ihrem neuen Endpunkt in Niendorf Nord ihre heutige Ausdehnung.

Dehnhaide

Während manche Bahnsteige der Ringlinie maximal 6-Wagen-Züge aufnehmen können, wurden neuere Stationen für 8-Wagen-Züge ausgebaut. Da es aufgrund dieser Einschränkungen auf dem Billstedter Ast der U3 häufig zu Kapazitätsproblemen kommt, soll in den nächsten Jahren der in den sechziger Jahren neu errichtete Bahnhof Berliner Tor so umgebaut werden, dass in Zukunft die U2 von Hauptbahnhof-Nord nach Mümmelmannsberg mit 8-Wagen-Zügen fahren kann, ohne dabei die Gleise der U3 kreuzen zu müssen.

Die Linie U2 hat eine Gesamtlänge von 22 km mit 24 Stationen. Davon liegen etwa 15 km (16 Stationen) im Tunnel. Tagsüber verkehrt die U2 zwischen Niendorf Markt und Barmbek alle fünf Minuten, jeder zweite Zug fährt weiter bis Niendorf Nord. Der Abschnitt Barmbek – Wandsbek-Gartenstadt wird, außer in schwachen Zeiten, ebenfalls im 5-Minuten-Takt bedient. Manche in Barmbek endenden Züge fahren als U3 weiter auf dem Ring nach Billstedt. Alle Bahnsteige der U2 wurden im Laufe der Jahre auf mindestens 120 m verlängert, so dass 8-Wagen-Züge eingesetzt werden können. Auf dieser Linie findet man neben einigen noch übrig gebliebenen DT2-Zügen vor allem DT4-Züge.

The oldest segment of today's U2 is the eastern ring line between Barmbek and Berliner Tor, which was part of the first section of the Hamburg U-Bahn opened on 15 February 1912. The stations Christuskirche, Emilienstraße and Osterstraße also date from the early years; together with the former terminus Hellkamp they made up the ring line's Eimsbüttel branch. In preparation for the construction of a new line from Stellingen to Billstedt, these four stations were closed for one year in 1964. While Osterstraße was totally rebuilt, Hellkamp was replaced by a new station further west called Lutterothstraße. At the same time, a surface extension to Hagenbecks Tierpark was built. Meanwhile, construction had also begun on a deep direct link from Schlump to Berliner Tor through the city centre. This route was completed in various stages and was initially served by shuttle trains (U21 Hauptbahnhof Nord – Barmbek and U22 Schlump – Gänsemarkt). In 1973, line U2 started operation running directly from Hagenbecks Tierpark to Farmsen. Six years later, construction of an extension through sparsely populated areas towards Niendorf began. In 1991, arriving at Niendorf Nord, line U2 reached its current length.

Whereas some stations along the ring line can only take a maximum of six cars, the newer stations were built for 8-car trains. This sometimes leads to capacity problems on the Billstedt branch of line U3, so in the near future the interchange station Berliner Tor, which was rebuilt in the 1960's, will be modified to allow line U2 to run from Hauptbahnhof Nord through to Mümmelmannsberg without crossing U3 tracks, thus serving this branch with 8-car trains.

Röhrenbahnsteig Richtung Osten für die einst geplante U4 Sengelmannstraße – Lurup am Hauptbahnhof Nord
Eastbound tube-type platform for the once planned U4 Sengelmannstraße – Lurup at Hauptbahnhof Nord

Line U2 currently has a total length of 22 km with 24 stations; 15 km (16 stations) is underground. During normal daytime operation, line U2 runs every 5 minutes between Niendorf Markt and Barmbek, every other train continuing to Niendorf Nord. Outside of off-peak hours, the Barmbek – Wandsbek-Gartenstadt section is also served every 5 minutes. Some trains terminating at Barmbek continue on the ring line as line U3. All U2 stations have a minimum length of 120 m for the use of 8-car trains. On this line, it is mainly DT4 trains together with some remaining DT2's that are in service.

U2 Niendorf Nord

09-03-1991

Die Endstation **Niendorf Nord** liegt inmitten eines in den achtziger Jahren entstandenen Neubaugebiets. Die beiden Eingangsgebäude passen sich an den Backsteinstil der umliegenden Bebauung an. Die Gestaltung des Bahnsteigbereichs, sowohl an den Wänden als auch an den Mittelstützen, lehnt sich an die Birken des nahen Ohmoors an. Dieser Bahnhof kann, wie andere auch, als Zivilschutzraum genutzt werden.

*The terminus **Niendorf Nord** is located in the middle of a new neighbourhood developed in the 1980's, both entrance buildings fitting with the brick style of the surrounding houses. The design of the station's interior, both on the walls and the central pillars, suggests the birch trees in the nearby moorlands. This station can also be used as a civil defence shelter.*

U2 Schippelsweg

09-03-1991 | 0,7 km

Neben den nicht sehr breiten Seitenbahnsteigen wurde hier auch ein ‚Mittelbahnsteig' gebaut, der im Falle einer Nutzung des Bahnhofs als Zivilschutzanlage zur Überbrückung des Bereichs zwischen zwei Zügen dienen könnte. Die mit Emailplatten verkleideten Wände zeigen idyllische Szenen norddeutscher Landschaften, z.B. einen Blick über die Elbe vom Süllberg in Blankenese.

Besides the rather narrow side platforms, a kind of island platform was built here, which, in the case of the station being used as a civil defence shelter, would bridge the gap between two trains. The enamel wall panels show idyllic North German landscapes, e.g. a view over the Elbe from the Süllberg in Blankenese.

Joachim-Mähl-Straße

U2

09-03-1991 I 0,9 km

Der Bahnhof **Joachim-Mähl-Straße** liegt in einem relativ dünn besiedelten Gebiet und hat durch die Lage unter der Paul-Sorge-Straße sehr enge Seitenbahnsteige; außerdem gibt es wie am **Schippelsweg** eine Art Bahnsteig zwischen den Gleisen. Als Motiv für die Wandgestaltung dienten norddeutsche Landschaften, so kann man zum Beispiel über den Treppenabgängen stilisierte Bauern-häuser sehen.

Joachim-Mähl-Straße *station lies in a sparsely populated area under the narrow Paul-Sorge-Straße, and has very narrow side platforms as a result. As at* ***Schippelsweg****, another 'island platform' was built here. The colours of the wall tiling are inspired by North German lands-capes, and above the stairs farm houses can be seen.*

(Fotos 3+4 Marcus Schomacker)

U2 Niendorf Markt

02-06-1985 | 0,9 km

Im etwas dunklen U-Bahnhof **Niendorf Markt**, der auch als Zivilschutzanlage dienen kann, zieren alte Ansichten des Stadtteils die Wände, so z.B. eine Straßenbahn, denn hier fuhr 1978 mit der Linie 2 vom Rathausmarkt nach Schnelsen über Niendorf die letzte Straßenbahn Hamburgs, die trotz starker Bürgerproteste eingestellt wurde. Als Ausgleich dafür versprach man den Niendorfern einen U-Bahnanschluss, mit dessen Bau 1979 begonnen wurde. Über dem Bahnhof wurde die Straße Tibarg im alten Ortskern von Niendorf in eine Fußgängerzone verwandelt.

*The underground station at **Niendorf Markt** is decorated with historical images of this district, e.g. showing a tramway; in 1978, line 2 from Rathausmarkt via Niendorf to Schnelsen was Hamburg's last tramway to be closed. As a compensation, Niendorf's population was promised to be linked by U-Bahn; construction on this extension started one year later. The rather dark station can also be used as a civil defence shelter. On top of the station, Tibarg street was converted into a pedestrian zone.*

U2 Hagendeel

02-06-1985 | 1,9 km

Der Bahnhof **Hagendeel** sollte erst gar nicht gebaut werden, doch wegen des großen Stationsabstands zwischen **Hagenbecks Tierpark** und **Niendorf Markt** von 3,2 km musste ohnehin ein Notausstieg errichtet werden, so dass man sich schließlich für den Bau dieses Bahnhofs entschied. Die Seitenbahnsteige in einfacher Tiefenlage sind über ein in einem kleinen Park gelegenes Eingangsgebäude von Glienke und Hirschfeld am Südende der Anlage erreichbar.

*Initially no station was planned between **Hagenbecks Tierpark** and **Niendorf Markt**, but due to the rather long distance of 3.2 km between them, an emergency exit had to be built, so eventually a full station called **Hagendeel** was added to the project. The side platforms on level -1 can be reached via a pavilion designed by Glienke and Hirschfeld and located in a small park at the southern end of the station.*

Hagenbecks Tierpark

U2

30-10-1966 | 1,4 km

Fast 20 Jahre war der oberirdische, im Einschnitt gelegene Bahnhof **Hagenbecks Tierpark** Endstation der U2. Am nördlichen Bahnsteigende führt ein 90 m langer Tunnel zur Nordseite der Koppelstraße, wo man zu den Bussen Richtung Stellingen umsteigen kann. Nördlich davon befindet sich eine Abstellanlage und die Einfahrt in den Tunnel Richtung Niendorf.

*For almost 20 years the surface station **Hagenbecks Tierpark** was line U2's terminus. From the northern end of the platform, a 90 m tunnel leads to the northern side of Koppelstraße, where transfer to buses towards Stellingen is possible. To the north of the station, there are siding tracks and the entrance of the tunnel towards Niendorf.*

U2 Lutterothstraße

30-05-1965 | 1,2 km

Als Teil der neuen U-Bahnlinie Stellingen – Billstedt wurde der Bahnhof **Lutterothstraße** gebaut. Er ersetzte den Bahnhof Hellkamp, die ursprüngliche Endstation der Eimsbütteler Zweiglinie, welcher 1914 eröffnet wurde und im Bereich Stellinger Weg/Hellkamp lag. Etwa 300 m nördlich des Bahnhofs **Lutterothstraße** kommt die U2 an die Oberfläche. Der gerasterte Bereich auf dem Boden markiert an den meisten Stationen den stufenlosen Einstieg in den Zug (in manchen Stationen ist nur dieser Bereich erhöht).

__Lutterothstraße__ station was built for the new Stellingen – Billstedt line. It replaced the station Hellkamp, which was the original terminus of the Eimsbüttel branch opened in 1914, and located at the crossroads of Stellinger Weg/Hellkamp. Some 300 m north of __Lutterothstraße__ station, line U2 emerges from the tunnel. The chequered field on the platform marks the level entrance into the trains in all stations (in some stations this area alone is raised).

U2 Osterstraße

23-05-1914 | 0,8 km

Osterstraße hatte ursprünglich wie die beiden Nachbarbahnhöfe einen Mittelbahnsteig, der 1964, im Zuge der Verlängerung bis **Hagenbecks Tierpark**, durch 125 m lange Seitenbahnsteige ersetzt wurde. Auf diese Weise konnten die Eingänge an die Ecken der belebten Kreuzung verlegt werden. Außerdem erhielt der U-Bahnhof einen direkten Zugang zu einem benachbarten Warenhaus.

Originally __Osterstraße__ station had an island platform like its neighbouring stations. In 1964, when the line was extended to __Hagenbecks Tierpark__, this island platform was replaced by two 125 m side platforms, so that the entrances could be relocated to the corners of this busy crossroads; a direct access to an adjacent department store was also built.

Emilienstraße

U2

21-10-1913 I 0,6 km

Auch der Bahnhof **Emilienstraße** stammt aus den Anfangsjahren der U-Bahn. Der Eingang an einer Straßenecke kam in den fünfziger Jahren hinzu, nachdem die Fruchtallee begradigt worden war. In jenen Jahren wurde auch der Bahnsteig verlängert und die Decke erneuert. Bei einer Renovierung der Station im Jahr 1998 wurden die Wände neu verfliest, wobei die ursprünglichen Fliesen in verschiedenen glänzenden Grautönen durch grüne Keramikplatten ersetzt wurden, die in der Geometrie dem Original nachgebildet wurden.

__Emilienstraße__ station dates from the early days of the U-Bahn. The entrance pavilion was added in the 1950's, when Fruchtallee, the street under which the U-Bahn runs, was straightened. At that time the platform was also extended and the ceiling renewed. In 1998, the walls were covered with new green tiles to replace the original greyish ones, maintaining, however, the tiling arrangement.

U2 Christuskirche

01-06-1913 I 0,7 km

Der Bahnhof **Christuskirche** gehört zu den ältesten Stationen auf dem Westast der U2 und liegt in einfacher Tiefenlage. Den Mittelbahnsteig erreicht man über einen Eingang in Straßenmitte, welcher in den fünfziger Jahren umgebaut wurde. Der Bahnsteigbereich wurde während der Streckensperrung 1964 modernisiert. Die doppelte Gleisverbindung zum U3-Bahnhof **Schlump** wurde im Zuge des Baus der direkten Innenstadtstrecke auf ein Gleis zurückgebaut, welches bis heute als Verbindung zwischen den beiden Linien dient.

Christuskirche *station is among the oldest on the western leg of line U2. The island platform on level -1 is accessible via a 1950's entrance pavilion located in the middle strip of the road. The platform area was refurbished when this section was closed for reconstruction in 1964. The curved double-track link to* ***Schlump*** *was reduced to one track when the line was extended into the city centre. This link is still used for operational train movements.*

U2 Schlump

(1912) 31-05-1970 I 0,6 km I ► U3

Der U2-Bahnhof **Schlump** entstand 1970 als Kreuzungsbahnhof unter der Ringlinie. Die heutige Wandverkleidung stammt aus der Anfangszeit, die Säulen wurden jedoch erst Mitte der neunziger Jahre verfliest. Der Zugang zum Bahnsteig der U2 erfolgt nur über die Bahnsteige der U3. Das gläserne Eingangsgebäude wurde vom Architekten Horst Sandtmann gestaltet. Bis zur Vollendung der Innenstadtstrecke 1973 pendelte zwischen **Schlump** und **Gänsemarkt** die Linie U22, während die U2 von **Hagenbecks Tierpark** weiterhin über den Hafen ins Stadtzentrum fuhr.

In 1970, a new station was added at ***Schlump*** *under the existing ring line station. Whereas the wall tiling dates from that period, the pillars were only covered in the mid-1990's. Access to the U2 platform is only possible via the U3 platforms. The glass entrance building was designed by Horst Sandtmann. Before the cross-city link was completed in 1973, line U22 offered a shuttle service between* ***Schlump*** *and* ***Gänsemarkt****. During that time, U2 still ran from* ***Hagenbecks Tierpark*** *to the city centre along the harbour route.*

Messehallen U2

31-05-1970 | 1,2 km

Zwischen **Schlump** und **Gänsemarkt** sollten eigentlich zwei Stationen gebaut werden, nämlich am Karl-Muck-Platz (heute Joh.-Brahms-Platz) und an der Karolinenstraße/Planten un Blomen. Mit 30 m ist **Messehallen** Hamburgs tiefste Station; sie verfügt über die längsten Rolltreppen und war von Anfang an mit einem Aufzug ausgestattet. Die Gestaltung in den Kennfarben grau-grün stammt vom Architekten Otto Kindt. Während der nördliche Ausgang zum Messegelände führt, erreicht man über den südlichen drei wichtige Gerichtsgebäude der Stadt.

Two intermediate stations were initially planned between ***Schlump*** *and* ***Gänsemarkt****, one at Karl-Muck-Platz (now Joh.-Brahms-Platz) and an-other one at Karolinenstraße/Planten un Blomen. At 30 m below street level,* ***Messehallen*** *[exhibition centre] is Hamburg's deepest station. It also has the longest escalators and was equipped with a lift when it was built. The grey-and-green colour scheme was designed by architect Otto Kindt. The northern exit serves the fairgrounds, while the southern exit leads to three important court houses.*

U2 Gänsemarkt

31-05-1970 | 0,7 km

Die ersten drei Jahre pendelte zwischen **Gänsemarkt (Oper)** und **Schlump** die Linie U22, bis Ende 1970 fuhren hier die letzten Züge der Baureihe TU2 (sog. ‚Silberlinge') aus der Vorkriegszeit. Der in 27 m Tiefe angelegte Bahnhof verfügt über 16 Fahrtreppen und wurde von den Architekten Matthaeis & Elschner entworfen. Der östliche Ausgang, der zu den Geschäftsstraßen der Innenstadt führt, wurde erst ein Jahr später fertig.

*For three years, a shuttle service (U22) operated between **Gänsemarkt (Oper)** and **Schlump**. Until 1970, this stretch was served by the last of the pre-war trains, the silver TU2 series. Gänsemarkt station, which lies 27 m deep and has 16 escalators, was designed by the architects Matthaeis & Elschner. The eastern exit, which leads to the city's main shopping streets, was only finished one year later.*

U2 Jungfernstieg

03-06-1973 | 0,6 km | ▶ U1 U3 S

Jungfernstieg ist der einzige Bahnhof der U2-Innenstadtstrecke, der in offener Bauweise mit Hilfe von Spundwänden errichtet wurde. Er entstand in sechs Jahren Bauzeit in 16 m Tiefe unter der Binnenalster quer unter dem gleichnamigen S-Bahnhof, der zur selben Zeit gebaut wurde.

*Along the central stretch of line U2, **Jungfernstieg** was the only station to be built by cut-and-cover, achieved with the aid of sheet pilings. In six years, it was excavated 16 m deep beneath the Binnenalster lake, together with the S-Bahn station of the same name, both stations forming a right angle.*

Wie an der Station **Hauptbahnhof Nord** wurden auch hier Gleiströge für die Linie **Sengelmannstraße** – Lurup mitgebaut, die Tunnelverbindung zwischen den beiden Bahnhöfen wurde aber, vorerst wenigstens, nur zweigleisig gebaut. Die Wände und Säulen dieses Bahnhofs sind mit emaillierten Metallplatten in damals modernen Farben verkleidet. Die unter dem Jungfernstieg gelegene Vorhalle des U-Bahnhofs kann als Zivilschutzraum genutzt werden.

*As at **Hauptbahnhof Nord**, two additional track beds for the once-planned **Sengelmannstraße** – Lurup line were completed. The running tunnel between the two stations is, so far, only double-track. The walls and supporting pillars were covered with enamel panels in what were then fashionable colours. The vestibule lying under the Jungfernstieg promenade can be used as a civil defence shelter.*

Hauptbahnhof Nord U2

29-09-1968 | 0,8 km | ▶ U1 U3 S

In 30 m Tiefe entstand im nördlichen Bereich des **Hauptbahnhofs**, quer unter den Fernbahn- und S-Bahngleisen, in den sechziger Jahren ein Röhrenbahnhof in doppelter Ausführung; die beiden äußeren Bahnsteige (siehe S. 45) waren für die Linie von **Sengelmannstraße** über **Borgweg** und Uhlenhorst nach **Altona** und Lurup (ehem. U4) vorgesehen, sie werden heute als Kunstraum genutzt. Im Bereich des östlichen Zwischengeschosses wurde unter dem Hachmannplatz ein großzügiger Atomschutzbunker für 2000 Menschen mitgebaut. Von 1968 bis 1973 fuhr zwischen den Stationen **Hauptbahnhof Nord** und **Barmbek** die Linie U21. Erst kürzlich wurden die einst weißen Deckenpaneele in den Röhrentunneln teilweise in verschiedenen Grautönen lackiert.

*In the 1960's, **Hauptbahnhof Nord** station was built 30 m below the northern part of the Central Station. To provide for a future line from **Sengelmannstraße** via **Borgweg** and Uhlenhorst to **Altona** and Lurup (formerly referred to as U4), four tube platforms were fully built (see p. 45). The unused platforms are used temporarily for art exhibitions. Next to the eastern concourse under Hachmannplatz, an extensive nuclear shelter for 2,000 people was built together with the U-Bahn station. From 1968 to 1973, line U21 operated between **Hauptbahnhof Nord** and **Barmbek**. Recently, the white ceilings in the tube tunnels were repainted in different tones of grey.*

U2 Berliner Tor

15-02-1912 | 1,2 km | ▶ U3 S

Der ursprüngliche Bahnhof **Berliner Tor** entstand nach Entwürfen des Architekten Erich Elingius im Freien direkt am Tunnelmund. Während der nördliche Bahnsteig durch eine Stützmauer zum Westphalensweg hin begrenzt war, trennte den südlichen eine Glaswand von den Gleisen der Stadtbahn und Lübecker Bahn. Das mit Backstein verkleidete Eingangsgebäude mit einem kleinen Türmchen auf dem Dach wurde nach dem 2. Weltkrieg vereinfacht wieder hergestellt, dann Anfang der Sechziger im Zuge der umfangreichen Umbauarbeiten abgerissen. Von 1962 bis 1967 baute Architekt Rübcke für die Strecke nach Billstedt eine völlig neue Bahnhofsanlage etwas weiter südlich, parallel zur S1, mit zwei Richtungsbahnsteigen, an denen die U2 und die U3 normalerweise zeitgleich einfahren. In naher Zukunft sollen die Gleiskreuzungen westlich des Bahnhofs so umgebaut werden, dass statt der U3 die U2 nach **Mümmelmannsberg** fahren kann. Auf diese Weise können auf dem stark belasteten Billstedter Ast 8-Wagen-Züge eingesetzt werden.

*The original **Berliner Tor** station was designed by architect Erich Elingius; it lay in the open directly after the tunnel mouth, the northern platform was lined by a supporting wall next to Westphalensweg, whereas the southern platform was separated from the S-Bahn tracks by a glass wall. The station building, which had a small tower, was only partly restored after World War II and later demolished in the early 1960's, when the station was totally rebuilt. From 1962 until 1967, the architect Rübcke was in charge of constructing a new underground station further south, which would allow cross-platform interchange between lines U2 and U3. In the near future, the track layout to the west of the station will be changed so that the longer 8-car trains on U2 can also serve the busy route to **Mümmelmannsberg**.*

Lübecker Straße

U2

15-02-1912 | 0,8 km | ▶ U1

Der Bahnhof **Lübecker Straße** lag ursprünglich offen zwischen Futtermauern zwischen zwei Tunnelstrecken. Die beiden Seitenbahnsteige hatten eine Dachkonstruktion mit quer zum Bahnsteig angeordneten Wölbungen. Bereits in den fünfziger Jahren wurde der gesamte Bahnhofsbereich abgedeckt und darüber eine Grünanlage angelegt. Erst ab 1959 fand ein umfassender Umbau im Zusammenhang mit dem Bau der kreuzenden Wandsbeker U-Bahn statt. Das Eingangsgebäude von Raabe und Wöhlecke wurde bei dieser Gelegenheit abgerissen und durch den heutigen charakteristischen Kuppelbau ersetzt. Südlich des Bahnhofs schließt sich eine ca. 200 m lange Tunnelstrecke an, bevor die U-Bahn parallel zur S-Bahn an die Oberfläche kommt.

*The original station at **Lübecker Straße** lay in the open between two tunnel stretches. Both side platforms were covered by a perpendicularly vaulted canopy. In the 1950's, the station was finally fully covered and the top made into a park. The station's interior was refurbished from 1959 onwards, together with the new line U1 to Wandsbek. The original station building by Raabe and Wöhlecke was demolished and replaced by today's characteristic dome-shaped pavilion. To the south of the station, line U2 runs in a 200 m tunnel before joining the S-Bahn on the surface.*

Uhlandstraße

U2

15-02-1912 | 0,6 km

Am Bahnhof **Uhlandstraße** ist, ähnlich wie bei den Stationen **Baumwall** und **Rödingsmarkt**, die Satteldachkonstruktion von den Architekten Raabe und Wöhlecke gut erhalten. Der Eingangsbereich wurde Mitte der siebziger Jahre umgestaltet und vor wenigen Jahren nochmals modernisiert. Unter der Hallenkonstruktion befindet sich ein reizvoller Arkadengang zur Güntherstraße.

*The saddle roof, designed by the architects Raabe and Wöhlecke and similar to those at **Baumwall** and **Rödingsmarkt**, is well preserved at **Uhlandstraße**. The entrance area was changed in the mid-1970's and modernised again recently. Under the elevated station, a pleasant arcade leads to Güntherstraße.*

Mundsburg

15-02-1912 | 0,7 km

Abgesehen von den schweren Beleuchtungskörpern erstrahlt der Bahnhof **Mundsburg** seit seiner Renovierung 1983-85 wieder in seinem alten Glanz inmitten eines großen Platzes. Der von den Architekten Raabe und Wöhlecke stammende monumentale Ziegelbau mit seinen zwei gleichen Fassaden ist mit Sandsteinelementen abgerundet; hier findet man die einzige verkleidete Dachkonstruktion aller Ringbahnstationen. Wie durch ein Wunder hat dieser Bahnhof die Zerstörungen im 2. Weltkrieg unbeschadet überstanden, während die Gebäude ringsum dem Feuersturm zum Opfer fielen.

*Restored in 1983-85, **Mundsburg** station once again displays its full splendour in the middle of a large square. The impressive building was designed by the architects Raabe and Wöhlecke; the identical brick façades are ornamented with sandstone elements. Of all the elevated stations along the ring line, only Mundsburg boasts a plastered ceiling. While the surrounding buildings were all destroyed during World War II, the station escaped the bombs and fires.*

Hamburger Straße

U2

15-02-1912 | 0,8 km

Der von den Architekten Rambatz und Jollasse entworfene Bahnhof Wagnerstraße wurde 1970 in **Hamburger Straße** umbenannt, der Grund dafür war die Eröffnung eines für damalige Verhältnisse großen Einkaufszentrums mit demselben Namen. Nach den Kriegszerstörungen konnte der Abschnitt **Mundsburg – Barmbek** erst im Juli 1950 wieder in Betrieb genommen werden. Nachdem die Schalterhalle 1973 mit leuchtend orangefarbenen Kacheln ‚modernisiert' worden war, wurde 2002 der gesamte Bahnhof im Originalstil renoviert, gleichzeitig wurden außerhalb der Halle Aufzüge eingebaut. Die Bahnsteige wurden nur teilweise erhöht.

*The former Wagnerstraße station, designed by architects Rambatz and Jollasse, was renamed **Hamburger Straße** in 1970, when a shopping centre, rather large for that time, was opened nearby. Due to the damage caused in World War II, service on the **Mundsburg – Barmbek** section was only resumed in 1950. In 1973, the vestibule of this station was modernised with orange tiles, but in 2002 the entire station was restored to its original style, lifts being built outside the historical station hall; platforms were only partly raised.*

Dehnhaide

U2

15-02-1912 | 0,6 km

Der Bahnhof **Dehnhaide** entstand wie mehrere Stationen des Rings nach Plänen der Architekten Raabe und Wöhlecke. 1993-95 fanden umfangreiche Umbaumaßnahmen statt. Der Bahnhof wurde behindertengerecht ausgebaut, gleichzeitig erhielt er eine neue Dachkonstruktion aus Holz mit Oberlichtern. Der Eingang und das Portal über den Gleisen am nördlichen Bahnhofsende aus Sandstein blieben erhalten; neu hinzu kam der Stationsname und ein Relief in Naturstein über dem Eingang. Originale Jugendstilfliesen wurden teilweise in einer Bahnsteigwand integriert. Die Bahnsteige wurden auf ganzer Länge (140 m) um 20 cm erhöht.

*Like several other stations along the ring line, **Dehnhaide** was designed by the architects Raabe and Wöhlecke. Extensive reconstruction took place here in 1993-95. The station was adapted for mobility impaired passengers and a new partly wooden roof with a central glass section was built. The entrance and the portal above the tracks at the northern end of the station, both made of sandstone, were kept intact. Some original art nouveau tiles were integrated into a platform wall. Platforms were raised by 20 cm along their full length of 140 m.*

15-02-1912 I 1,2 km I ▶ U3 S

Der wichtige Umsteigebahnhof **Barmbek** (bis 1947 Barmbeck geschrieben) hatte anfangs vier Hochbahngleise, dazu kamen später zwei weitere für die Walddörferbahn. Da diese mit 5,5 m doch zu schmal waren, wurden die Zahl der Gleise 1927 wieder auf vier reduziert und so die Bahnsteige verbreitert. Die Einfädelung der ‚Walddörferbahn' erfolgt vom Westen auf einem 573 m langen Viadukt über die S-Bahn. Auf diese Weise konnten die Züge direkt in die Innenstadt weiterfahren. Nach heutigen Planungen soll diese Viaduktstrecke auch von der zukünftigen U4 nach Bramfeld befahren werden.

*The important interchange station **Barmbek** (until 1947 spelt Barmbeck) was built with four U-Bahn tracks, two more being added later for the 'Walddörferbahn'. These 5.5 m wide platforms were too narrow, so in 1927 the total number was reduced again to four platforms. The 'Walddörferbahn' reaches Barmbek station from the western side by means of a 573 m long viaduct across the S-Bahn tracks. This alignment was chosen to allow trains to continue directly towards the city centre. According to current plans, this viaduct will also be used by the proposed U4 to Bramfeld.*

Habichtstraße

U2

23-06-1930 | 1,8 km

Wegen fehlender Bebauung wurde der Bahnhof **Habichtstraße** erst 12 Jahre später als die anderen Stationen der Walddörferbahn in Betrieb genommen. 1969 sollte für eine Bahnsteigverlängerung das Eingangsgebäude abgerissen werden und ein moderner Eingang entstehen. Tatsächlich wurde 1973/74 nur der Treppenabgang, der sich jetzt in der Mitte des Bahnsteigs befindet, modernisiert und mit einer Fahrtreppe ausgestattet. Kleinere Renovierungsarbeiten wurden im Sommer 2003 im Zuge des Brückenerneuerungsprogramms ausgeführt.

*As the area around **Habichtstraße** was still undeveloped when the line was built, the station only came into operation 12 years after the other stations on the 'Walddörferbahn'. In 1969, when the platform was extended, the station building was close to being demolished and replaced by a modern entrance. Eventually only the staircase, now in the middle of the platform, was modernised in 1973/74 and an escalator built in. Minor repair work was carried out in the summer of 2003, while the bridges along this section were renewed.*

Wandsbek-Gartenstadt

U2

(1918) 06-09-1920 | 1,4 km | ▶ U1

Bis 1963 war der Bahnhof **Wandsbek-Gartenstadt**, der bis 1937 außerhalb Hamburgs lag, ein einfacher Durchgangsbahnhof an der 1918 eröffneten Walddörferbahn von **Barmbek** Richtung **Volksdorf**. Zur Einfädelung der U1 wurde ein zweiter Bahnsteig gebaut, so dass man heute im Richtungsverkehr bequem umsteigen kann.

*Until 1963, **Wandsbek-Gartenstadt** was a standard station on the 'Walddörferbahn', having opened in 1918 between **Barmbek** and **Volksdorf**. For the incorporation of the U1 extension a second platform was added, so that cross-platform interchange between both lines in either direction is provided now.*

U3 Barmbek – Mümmelmannsberg

Etwa die Hälfte der heutigen Linie U3, der Abschnitt Barmbek – Berliner Tor, gehört zur 1912 eröffneten Ringlinie. Der Ringbetrieb dauerte bis 1967, als das erste Teilstück der Billstedter Strecke eröffnet wurde. Seither wird der östliche Abschnitt des Rings von der Linie U2 (anfangs auch U21) befahren, während die U3 heute von Barmbek über den Hafen und Hauptbahnhof nach Mümmelmannsberg verkehrt.

Während die ab den sechziger Jahren gebauten Bahnhöfe über 120 m lange Bahnsteige verfügen, wäre eine Verlängerung mancher Tunnelbahnhöfe im Stadtzentrum mit großem Aufwand verbunden. Deshalb ist auf der U3 nur ein Einsatz von 6-Wagen-Zügen möglich, was auf dem stark belasteten Ast nach Billstedt zeitweise zu Kapazitätsproblemen führt. Aus diesem Grund hat man beschlossen, den Bahnhof Berliner Tor so umzubauen, dass die beiden Ostäste der Linien U2 und U3 getauscht werden können, wodurch wieder ein durchgehender Betrieb auf der Ringlinie geschaffen würde. Allerdings wird mindestens jeder zweite Zug von Berliner Tor kommend in Barmbek weiter nach Wandsbek-Gartenstadt fahren. Die U2 hingegen wird eine schnelle Verbindung zwischen Niendorf und Mümmelmannsberg darstellen.

Die heutige Linie U3 hat eine Gesamtlänge von 23,2 km mit 27 Stationen. Etwa 14 km (15 Stationen) verlaufen unterirdisch. Die U3 verkehrt tagsüber zwischen Barmbek und Billstedt alle 5 Minuten, weiter nach Mümmelmannsberg in verkehrsschwachen Zeiten alle 10 Minuten, sonst auch alle 5 Minuten. Auf der U3 sind vor allem DT3-Züge unterwegs, selten kann man auch DT2-Züge sehen. Aufgrund der kürzeren Bahnsteige von nur 90 m ist der Einsatz von DT4-Doppelgarnituren auf dieser Linie nicht möglich.

About half of today's line U3, the section from Barmbek to Berliner Tor, belongs to the ring line, which opened in 1912. The circular operation was discontinued in 1967, when the first segment of the route to Billstedt was inaugurated. From then on, the eastern part of the ring was served by line U2 (initially also U21), whereas line U3 now operates from Barmbek via the harbour and the Central Station to Mümmelmannsberg.

The stations built in the 1960's all have 120 m long platforms; the extension of some underground stations in the city centre, however, is technically almost impossible. Due to this limitation, line U3 is restricted to the use of 6-car trains only, which leads to capacity problems along the busy Billstedt leg. To solve this problem, Berliner Tor station will be rebuilt in the near future, to allow the eastern legs of lines U2 and U3 to be swapped. In this way, continuous service along the historical ring line would be resumed, although at least every other train would make its way from Barmbek to Wandsbek-Gartenstadt. Line U2 would then constitute a fast link between Niendorf and Mümmelmannsberg.

Today's line U3 has a total length of 23.2 km with 27 stations; some 14 km (15 stations) is underground. During normal daytime operation, line U3 operates every 5 minutes between Barmbek and Billstedt; Billstedt – Mümmelmannsberg is served every 5 minutes in peak hours and every 10 minutes in off-peak times. On line U3, DT3 trains are mainly in use, although DT2 trains can also sometimes be seen. Due to the shorter platform length of only 90 m, DT4 trains cannot be used in double units on this line.

Hochbahnstrecke über den Isebekkanal nördlich der Station Eppendorfer Baum

Elevated route across the Isebek canal, north of Eppendorfer Baum station

U3 Barmbek

15-02-1912 | ▶ U2 S

Der U-Bahnhof **Barmbek** (bis 1947 Barmbeck) hatte anfangs 4 Gleise, dann kamen für die Walddörferbahn zwei weitere hinzu, doch 1927 wurde die Zahl wieder auf vier reduziert, da die Bahnsteige zu eng wurden. Das ursprüngliche Eingangsgebäude auf der Südseite wurde bereits 1916 wieder abgerissen. Der westliche Ausgang zum Wiesendamm entstand 1960, damals mit leuchtend blauem Kleinmosaik; die heutigen Fliesen stammen von 1986. Der nördliche Ausgang zum Busbahnhof wurde 1964 gebaut.
1977 wurde der östliche Eingangsbereich grundlegend verändert, grün gekachelt und mit Oberlichtern versehen, außerdem wurden Fahrtreppen eingebaut. Das dortige Vordach verschwand später wieder.

***Barmbek** station (until 1947 spelt Barmbeck) was originally built with four U-Bahn tracks, two more later being added for the 'Walddörferbahn'. As the platforms were found to be too narrow, they were reduced in number to four again in 1927. The original station building on the southern side of the station was demolished as early as 1916. The western vestibule towards Wiesendamm was built in 1960 and originally decorated with small blue tiles; the current wall covering is from 1986. The northern exit was created together with a bus terminal in 1964. In 1977, the eastern concourse was covered with green tiles; skylights were opened to allow daylight to come through and escalators were also built in. The canopy over the eastern entrance was later removed again.*

U3 Saarlandstraße

10-05-1912 | 0,9 km

Der U-Bahnhof **Saarlandstraße** liegt auf einem Damm und wurde mit dem Namen Flurstraße eröffnet. Die Station des Architekten F. Jacobssen sollte ein Tor zum damals angelegten Stadtpark werden, doch erst 1924 wurde sie in ‚Stadtpark' umbenannt. Die Schalterhalle stammt von Walter Puritz aus dem Jahre 1928, als ein zweiter Bahnsteig angelegt wurde, um einen Anschluss zur neuen Wagenabstellhalle zu schaffen. Seit 1970 heißt der Bahnhof nun **Saarlandstraße**.

***Saarlandstraße** station, opened with the name Flurstraße, lies on an embankment. Designed by F. Jacobssen, this station was meant to become a gateway to the city's central park, but its name was only changed to Stadtpark in 1924. The vestibule was created by Walter Puritz in 1928, when a second platform was added to provide access to a new train depot. The station's name was eventually changed to **Saarlandstraße** in 1970.*

Borgweg

U3

10-05-1912 | 1,2 km

Der Bahnhof **Borgweg (Stadtpark)** liegt im Einschnitt und stammte ursprünglich von Baumeister Eugen Göbel. Der Eingangsbereich wurde in den fünfziger Jahren vom Architekten Hans L. Loop völlig neu gebaut. 1993/94 erfolgte eine Umgestaltung des Bahnsteigbereichs unter dem Motto ‚Musterhaltestelle für behindertenfreundlichen Nahverkehr‘ (in der Nähe befinden sich die Winterhuder Werkstätten) mit verglastem Aufzug und Bahnsteigerhöhung um 20 cm. Das neue Glasdach und die hellen Bodenfliesen mit Blindenleitstreifen geben der Station ein freundliches Aussehen.

__Borgweg (Stadtpark)__ station lies in a cutting and was originally designed by Eugen Göbel. The present entrance pavilion was built by Hans L. Loop in the 1950's. In 1993/94 the platform area was totally refurbished to make __Borgweg__ a 'model station for handicapped-friendly transport' (the station lies close to the Winterhude workshops for handicapped people). A transparent lift was built in and the platform raised by 20 cm. The new glass roof and the pleasant floor, which includes a guidance system for the blind, create a friendly atmosphere.

U3 Sierichstraße

10-05-1912 | 0,8 km

Der Bahnhof **Sierichstraße** liegt auf einem Damm und ist noch weitgehend in seiner ursprünglichen Form erhalten. Der Zugang befindet sich am westlichen Ende der Anlage unter den Gleisen.

Sierichstraße *station lies on an embankment and is relatively well preserved in its original state. The access is located under the tracks, at the western end of the station.*

U3 Kellinghusenstraße

10-05-1912 | 0,8 km | ▶ U1

Der Umsteigebahnhof **Kellinghusenstraße** stammt von den Architekten Raabe und Wöhlecke. Der Eingang wurde mit Muschelkalk verkleidet, die Züge aus **Barmbek** erreichen die Station durch ein Sandsteinportal mit Kupferdach. Die Schalterhalle, in die durch ein Oberlicht Tageslicht eindringt, liegt unter den Gleisen. Der Fußgänger-übergang am südlichen Ende der Bahnsteige im Stil der Neuen Sachlichkeit kam 1931 hinzu, er wurde 1978 saniert. Die ursprünglichen, nördlichen Treppeneinhausungen wurden 1964 im Zuge der Bahnsteigverlängerung abgebrochen und die Schalterhalle neu verfliest. Südlich des Bahnhofs existiert seit 1927 ein Überwerfungsbauwerk für das Gleis Richtung **Barmbek**.

*The interchange station **Kellinghusenstraße** was designed by the architects Raabe and Wöhlecke. The portals were covered with muschelkalk, a kind of limestone. Trains from **Barmbek** arrive at the station through a sandstone portal covered with a copper roof. The vestibule is located under the tracks and is illuminated by daylight coming in through skylights. The footbridge at the southern end of the platforms was added in New Functionalism style in 1931 and renovated in 1978. The original northern stairs were replaced in 1964, when the vestibule was also refurbished. South of the station a flyover was built in 1927 for the northbound U3 track.*

Eppendorfer Baum

U3

25-05-1912 | 0,6 km

Der Bahnhof **Eppendorfer Baum** liegt am östlichen Ufer des Isebekkanals auf einem Damm. Bereits 1927 war der Bahnsteig nach Norden über den Kanal verlängert worden. Der ursprüngliche Zugang führte durch ein Rundbogenportal, das sich direkt unter den beiden Hochbahnviadukten befand. 1965–67 wurde der Eingang wegen des engen Bürgersteigs an die westliche Seite verlegt und außen mit Granit verblendet. Direkt östlich des Bahnhofs verschwindet die U1 im Tunnel Richtung **Klosterstern** (siehe S. 22).

***Eppendorfer Baum** station lies on an embankment on the eastern side of the Isebek canal; in 1927 the platform was actually extended over the canal. The original access was an arched portal located under the viaducts and leading to a narrow pavement. Due to the resulting congestion, the entrance was moved to the western side in 1965–67 and lined with granite. Just east of the station, the tunnel mouth on line U1 can be seen* *(see p. 22)**.*

U3 Hoheluftbrücke

25-05-1912 | 1,0 km

Der Bahnhof **Hoheluftbrücke** von Schaudt und Puritz wurde Mitte der sechziger Jahre modernisiert. Ein weiterer Umbau der Zugänge folgte 1980-82, dabei wurde der heutige Fußgängerdurchgang geschaffen, Fahrtreppen eingebaut und außerdem ein neues Flachdach errichtet.

***Hoheluftbrücke** station, originally designed by Schaudt and Puritz, was first modernised in the mid-1960's. Another renewal took place in 1980-82, when today's passageway was built, an escalator was added and a new flat roof was fixed.*

U3 Schlump

25-05-1912 | 1,2 km | ► U2

Schlump war einst eine offene, im Einschnitt gelegene, dreigleisige Station mit einem prächtigen Eingangsgebäude von Schaudt und Puritz. 1953 wurde ein einfacher, für die Zeit typischer Zugang nach Entwürfen von Hans L. Loop (ähnlich wie **Borgweg**) errichtet. 1968 entstand dann der heutige Stahl-Glas-Bau von Horst Sandtmann, als die Station bei laufendem Betrieb zum Kreuzungsbahnhof für die U2 umgebaut wurde. Die Säulen der U3-Ebene wurden erst Mitte der neunziger Jahre in den Farben der Empfangshalle gefliest. Zu jener Zeit wurde auch ein Aufzug eingebaut.

***Schlump** was once an open 3-track station in a cutting boasting an impressive station building designed by the architects Schaudt and Puritz. In 1953, a simple entrance pavilion, similar to that at **Borgweg**, was created by Hans L. Loop. Finally, in 1968, today's steel and glass structure was constructed from a design drafted by Horst Sandtmann, the station being rebuilt without any service disruption to create an interchange with the new line U2. The pillars on the U3 platforms were only tiled in the mid-1990's, when a lift was also added.*

Sternschanze

U3

25-05-1912 | 0,4 km | ► Ⓢ

Sternschanze ist der einzige Untergrundbahnhof der Ringlinie, für den ein Eingangsgebäude errichtet wurde. Der Backsteinbau, welcher am östlichen Ende des gleichnamigen S-Bahnhofs steht, stammt von Regierungsbaumeister Volz. 1977 wurden die Bahnsteigwände mit grünen Fliesen versehen und am Vordach des Eingangsgebäudes der Stationsname angebracht.

***Sternschanze** was the only underground station on the ring line with a proper station building. The brick building, located at the eastern end of the S-Bahn station of the same name, was designed by the architect Volz. In 1977, the station interior was covered with green tiles, while outside the station's name was added to the canopy.*

U3 Feldstraße

25-05-1912 | 0,9 km

Der Bahnhof **Feldstraße (Heiligengeistfeld)** sollte anfangs im offenen Einschnitt liegen, er wurde dann jedoch als Tunnelstation mit Lichteinlässen an der hohen Decke erbaut. Ursprünglich gab es ein kleines Eingangsgebäude der Architekten Raabe und Wöhlecke aus Holz und Ziegeln, das einem niedersächsischen Bauernhaus nachgebildet war, daneben stand eine riesige Windmühle. Beim Wiederaufbau 1954 baute Hans L. Loop ein neues Eingangsgebäude, das die starken Besucherströme während des ‚Hamburger Doms' (Volksfest) aufnehmen sollte. Der Bahnsteigbereich wurde 1996 mit hellen Fliesen und drei in den Linienfarben gehaltenen, geschwungenen Linien neu gestaltet.

*Although **Feldstraße (Heiligengeistfeld)** station was initially planned to lie in a cutting, it was eventually built as a tunnel station with skylights in the high ceiling. The original entrance was a small building by the architects Raabe and Wöhlecke made of bricks and wood, imitating a Lower Saxony farm house; next to it stood a huge windmill. In 1954, Hans L. Loop created a new entrance pavilion able to absorb the large passenger numbers that arose during the 'Hamburger Dom', a popular biannual festival. The platform area was refurbished in 1996 to show a tiled design of three coloured lines on a with background.*

U3 St. Pauli

25-05-1912 | 0,6 km

Der Bahnhof **St. Pauli** (anfangs Millerntor) wurde ebenfalls nach Plänen der Architekten Schaudt und Puritz gebaut. Er erhielt einen Zugang in der Form einer Pergola aus Sandstein mit schmiedeeisernen Gittern. Der Bahnhof wurde mehrmals umgebaut, zuletzt 1999, als das Glasdach über dem Südzugang und ein neuer Nordzugang errichtet wurde. An den Bahnsteigwänden wurden Emailplatten mit Motiven des Stadtteils (Riesenrad, Fußball, usw.) angebracht.

__St. Pauli__ station (initially called Millerntor) was also designed by the architects Schaudt and Puritz. The main access consists of sandstone columns with a wrought-iron grille between them. The station was refurbished several times, most recently in 1999, when the glass roof was added to the southern access and a new northern entrance built. The station walls were covered with enamel panels showing scenes reminiscent of St. Pauli (e.g. the big wheel, soccer, etc.).

Landungsbrücken

U3

29-06-1912 | 0,6 km | ► Ⓢ

Am Bahnhof **Landungsbrücken** (anfangs Hafentor) gab es ursprünglich über dem Eingang einen mächtigen Turm nach Plänen des Architekten Emil Schaudt. Durch Oberlichter gelang Tageslicht in die am Hang des Stintfangs gelegene Station, die im Krieg schwer zerstört wurde. Der östliche Eingang am Hafentor aus den zwanziger Jahren stammt von Walter Puritz. Ende der Fünfziger schufen Hans L.M. Loop und Fritz Trautwein einen Neubau mit Kupferdach, von dem eine Brücke direkt zur Schiffsanlegestelle führt.

*The original station at **Landungsbrücken** [piers] (initially called Hafentor) had a massive tower above its entrance. The station, which was heavily damaged in World War II, was designed by Emil Schaudt and lies on the slopes of the Stintfang Hill. Daylight used to come into the station through skylights in the ceiling. The eastern exit towards the Hafentor [harbour gate] was added by Walter Puritz in the 1920's. At the end of the 1950's, Hans L.M. Loop and Fritz Trautwein created a totally new station, which features both a copper roof and a footbridge, which leads directly to the landing piers.*

U3 Baumwall

29-06-1912 | 0,7 km

Der Hochbahnhof **Baumwall** wurde nach einem eigenen Entwurf der HHA-Bauverwaltung gebaut. Er bekam ein Satteldach in Eisenfachwerkkonstruktion und ist seitlich verglast. Bei einer Renovierung 1979 wurde er blau gestrichen, doch 1992/93 erhielt er den heutigen roten Anstrich. Gleichzeitig wurde ein Aufzug eingebaut und ein westlicher Zugang errichtet.

*The elevated station of **Baumwall** was built according to the HHA's own plans. The saddle roof is supported by an iron structure with windows on both sides. After having been painted blue in 1979, it got its current red livery in 1992/93, when a lift and a western access were also added.*

U3 Rödingsmarkt

29-06-1912 | 0,6 km

Für den Hochbahnhof **Rödingsmarkt** schufen die Architekten Ludwig Raabe und Rudolf Wöhlecke ein Satteldach ähnlich wie am Bahnhof **Baumwall**, aber mit einem ansprechendem Eingang, dessen Tore sich anfangs seitlich befanden. Der Eingangsbereich wurde Mitte der siebziger Jahre umgestaltet. 2002 kam ein zweiter Ausgang südlich der Ost-West-Straße und Aufzüge hinzu, außerdem wurden die Bahnsteige teilweise erhöht.

*For **Rödingsmarkt** station, the architects Ludwig Raabe and Rudolf Wöhlecke created a saddle roof similar to that at **Baumwall**. Due to its central location however, a more attractive entrance was built. Initially, access was from either sides of the building, but this was changed in the mid-1970's. In 2002, another exit was built on the southern side of the busy Ost-West-Straße; a lift was also added and the platforms were partly raised.*

Rathaus U3

15-02-1912 | 0,6 km | ▶ U1 U2 S

Bis 1956 hieß der Bahnhof **Rathaus** an der Ringlinie Rathausmarkt (während der Nazi-Zeit allerdings Adolf-Hitler-Platz). Im Herzen der Stadt entwarfen die Architekten Hart und Lesser eine elegante Station, in der besonders in den Vorräumen Marmor und Majolika vorherrschten. 1928 wurden die Bahnsteige nach Osten für 6-Wagenzüge verlängert, eine umfangreiche Modernisierung fand 1965 und 1994 statt. Die beiden westlichen Zugänge am Rathaus sind noch in ihrem Original erhalten.

Der 1958 gebaute 110 m lange Verbindungstunnel (mit einer Eingangshalle von Hans L. Loop) zwischen U3 und U1 (**Jungfernstieg**) unter der Bergstraße wurde 1995 zur ‚Passage der Städtepartnerschaften' umgestaltet.

*Until 1956 the ring line station **Rathaus** [City Hall] was called Rathausmarkt (during Nazi times it carried the name Adolf-Hitler-Platz). Located right in the heart of the city, the architects Hart and Lesser designed an elegant station, with marble and majolica dominating the interior of the access areas. In 1928 the platforms were extended towards the east to allow the use of 6-car trains. An extensive refurbishment was carried out in 1965 and 1994; the two western accesses next to the City Hall have been preserved in their original form. The 110 m pedestrian tunnel, with a vestibule created by Hans L. Loop and built in 1958 to link lines U1 and U3 under Bergstraße, became a 'Passageway for City Partnerships' in 1995.*

U3 Mönckebergstraße

15-02-1912 | 0,5 km

Vom ursprünglichen Bahnhof **Mönckebergstraße** (bis 1952 Barkhof), der von den Architekten Raabe und Wöhlecke entworfen wurde, ist heute kaum noch etwas zu sehen. 1928 wurden die Bahnsteige verlängert und bei einer Modernisierung 1965 wurden die anfangs weißen Fliesen durch graue ersetzt. Nachdem 1991 neue Eingänge gebaut worden waren, wurden bei der letzten Neugestaltung 1996 großformatige Glasplatten mit darin eingelassenen Vitrinen angebracht. Verschiedene Edelstahlelemente, z.B. Sitze, runden den Bahnhof ab. Am nordseitigen Ausgang ist ein historischer Pfeiler freigelegt worden.

Not much is left of the original station designed by Raabe and Wöhlecke at ***Mönckebergstraße*** *(until 1952 Barkhof). Platforms were lengthened in 1928 and the originally white tiles were replaced by grey ones in 1965. After new entrances had been built in 1991, the station walls were covered with large-size glass panels in 1996. Some other elements, like seats, were made of steel. At the northern exit, an original pillar was uncovered during reconstruction.*

U3 Hauptbahnhof Süd

15-02-1912 | 0,5 km | ▶ U1 U2 S

Der U-Bahntunnel unter dem Bahngelände wurde bereits ab 1901 beim Bau des Hauptbahnhofs mitgebaut. Neben diesem Tunnel verläuft ein Fußgängertunnel, der bis zu seiner teilweisen Schließung 1991 den Zugang zu allen Gleisen des Hauptbahnhofs ermöglichte. Der U-Bahnhof war ursprünglich viergleisig, an den mittleren Gleisen hielten die Züge der Rothenburgsort-Linie. Aufgrund der größeren Tiefe (9 m) konnte eine gewölbte Decke (anfangs weiß mit gelben Bändern aus Glasursteinen) gebaut werden. Es war der einzige Bahnhof, der von Anfang an Zugänge an beiden Enden hatte. 1972/73 wurden die inneren Gleise überbaut, um die Bahnsteige zu verbreitern, gleichzeitig wurden diese um 15 m Richtung Osten verlängert. Der Namenszusatz ‚Süd' kam erst mit Eröffnung der U2-Innenstadtstrecke.

Construction of the U-Bahn tunnel under the railway tracks was started as early as 1901, when work on the new Central Station began. Parallel to the running tunnel is a pedestrian tunnel, which provided direct access to all mainline platforms until 1991, when it was partly closed. The initial underground station had four tracks, the inner tracks being used by the branch line to Rothenburgsort. Due to the relatively deep alignment at 9 m below ground level, a vaulted roof could be built (originally painted white with yellow ribbons made of glazed stone). This was the only station, which had an entrance at either end from the start. In 1972/73 the inner tracks were covered to create wider platforms. At the same time the platforms were extended 15 m towards the east. The name tag 'Süd' was only added, when the U2 station opened.

Berliner Tor

U3

15-02-1912 | 0,9 km | ▶ U2 S

Die ursprüngliche Station **Berliner Tor** lag in einem offenen Einschnitt etwas weiter nordöstlich und hatte Seitenbahnsteige. Das Eingangsgebäude stand über dem Tunnelmund und wurde Mitte der sechziger Jahre für den Weiterbau nach Billstedt abgerissen. Zwischen **Hauptbahnhof** und **Berliner Tor** war einst am Innengleis der Rohbau des geplanten Bahnhofs Lindenplatz erstellt worden.

*The original **Berliner Tor** station was located further northeast, in the open and with side platforms. The entrance building above the tunnel mouth was demolished in the 1960's to allow for a U3 extension towards Billstedt. Preliminary work for an intermediate station between **Hauptbahnhof** and **Berliner Tor** at Lindenplatz has previously been carried out.*

U3 Burgstraße

02-01-1967 I 1,3 km

Bemerkenswert am Bahnhof **Burgstraße** ist die Dachkonstruktion über dem Eingangsbereich vom Architekten Fritz Trautmann. Anfangs gab es hier noch eine direkte Umsteigemöglichkeit zur Straßenbahn. Auch der U-Bahnhof selbst hatte ursprünglich eine zickzackartige Decke. Wie an anderen Bahnhöfen wurden auch hier die Säulen erst später gefliest. Zwei lange Fußgängertunnel unterqueren die Hammer Landstraße. Beim Bau dieses Bahnhofs wurde eine mögliche Einfädelung der einst geplanten Alsterhalbringlinie berücksichtigt. Zwischen **Berliner Tor** und **Burgstraße** wurde über dem U-Bahntunnel ein Park angelegt.

*At **Burgstraße**, the architect Fritz Trautmann created an interesting roof structure above the entrance area; in the beginning, direct transfer to the tram network was possible here. The underground station originally also had a zigzag ceiling, at a time when the supporting pillars had not been tiled yet. Two long pedestrian tunnels lead to the southern side of Hammer Landstraße. When the station was built, the incorporation of the planned semicircular line around the Alster was taken into account. Between **Berliner Tor** and **Burgstraße** a park was laid in the area above the U-Bahn tunnel.*

U3 Hammer Kirche

02-01-1967 I 0,9 km

Aufgrund des Gefälles im Gelände befindet sich der Eingang zum Bahnhof **Hammer Kirche** von der Hammer Landstraße aus unter dem Niveau des Bahnsteigs. Für die Strecke Richtung **Billstedt** war seit längerem ein Streifen freigehalten worden, der später teilweise in eine Grünanlage umgewandelt wurde. Zwischen **Burgstraße** und **Hammer Kirche** verläuft die Strecke allerdings offen im Einschnitt. Auf dem Abschnitt Richtung **Rauhes Haus** wurde mit Tunnel-Fertigelementen experimentiert.

*Due to the line's alignment along a slope, the access from Hammer Landstraße to **Hammer Kirche** station actually lies on a lower level than the platform itself. For the Billstedt line, a strip of land, which was later turned into a park, had been reserved for a long time. Between **Burgstraße** and **Hammer Kirche**, however, the U-Bahn runs in an open cutting. On the section to **Rauhes Haus**, tests with prefabricated tunnel elements were carried out.*

Rauhes Haus

U3

02-01-1967 I 0,6 km

Die gesamte U-Bahnlinie zwischen **Berliner Tor** und **Horner Rennbahn** entstand unter einem eigens freigehaltenen Grünstreifen, der zum Süden hin ein starkes Gefälle aufweist: Hier befindet sich die Grenze zwischen den Hamburger Marschniederungen und dem höher gelegenen Geestland. Am Bahnhof **Rauhes Haus** wird das besonders deutlich. Die vom Architekten Günther Palatzky entworfene Station liegt eigentlich ebenerdig, obwohl sie im Inneren den Eindruck einer unterirdischen Station vermittelt. Die stützenlose Halle ist nach Süden hin mit Glas verkleidet. Wie am **Alten Teichweg** wurde die Abfertigerkanzel über den Gleisen aufgehängt.

*The U3 section **Berliner Tor – Horner Rennbahn** was built under a reserved strip, which slopes down towards the south; this becomes very clear at **Rauhes Haus** station, which actually lies at grade, although its inside appearance is that of an underground station. The architect Günther Palatzky designed a station hall without supporting pillars, and with a glass wall on the southern side. As at **Alter Teichweg**, the train dispatcher's office was suspended above the tracks.*

U3 Horner Rennbahn

02-01-1967 I 1,2 km

Auch im Bahnhof **Horner Rennbahn** wurden die anfangs dunklen Säulen später neu verfliest. Der östliche Ausgang führt direkt in ein Einkaufszentrum, das im Zuge des U-Bahnbaus entstand. Bis 1976 befand sich hier auch eine Straßenbahnschleife für die Linie 15.

*At **Horner Rennbahn** station too, the initially dark pillars were later retiled. The eastern exit leads directly to a small shopping precinct, which was built together with the U-Bahn. Until 1976, there was a loop here for tramway line 15.*

U3 Legienstraße

24-09-1967 I 1,2 km

Östlich des Bahnhofs **Legienstraße** sollte ein Betriebshof entstehen, deshalb wurden die beiden Seitenbahnsteige in einiger Entfernung zueinander angelegt. Für den Bereich östlich bis zum Schiffbeker Weg gab es in den neunziger Jahren konkrete Pläne für eine Überbauung, um darüber Wohnungen zu errichten.

*A train depot had once been planned aast of **Legienstraße** station, which is the reason why the side platforms lie so far from each other. For this area and up to Schiffbeker Weg, detailed plans existed in the 1990's to cover the U-Bahn up and build a new residential area on top.*

Billstedt

U3

28-09-1969 I 0,9 km

Beim U-Bahnhof **Billstedt** handelt es sich um einen abgedeckelten viergleisigen Bahnhof mit einem Busbahnhof darüber. Die zusätzlichen Gleise waren für eine eventuelle Verzweigung vorgesehen und werden heute von aus- bzw. einsetzenden Zügen benutzt. Die Bahnhofsanlage wurde Anfang der neunziger Jahre umgestaltet und 2002 folgte eine Bahnsteigteilerhöhung. Eine Fußgängerbrücke führt direkt zu einem Einkaufszentrum südlich des Bahnhofs.

***Billstedt** is a 4-track covered station with a bus terminal on top. The additional tracks were meant for a branch line and are now used for trains terminating here. The station was refurbished in the early 1990's, and the platforms partly raised in 2002. A pedestrian bridge leads directly to a large shopping mall located on the southern side of the U-Bahn route.*

U3 Merkenstraße

31-05-1970 | 1,3 km

Zwanzig Jahre lang war **Merkenstraße** die östliche Endstation der U3. Der in Grün gehaltene Bahnhof wurde von den Architekten Lehmann & Loddes entworfen. Die anfangs einfarbigen, schmalen und stehend angeordneten Fliesen an den Säulen wurden später durch großflächigere ersetzt.

*For twenty years, **Merkenstraße** was line U3's eastern terminus. The green station was designed by Lehmann & Loddes. On the pillars, the original narrow tiles were later replaced by larger ones.*

U3 Steinfurther Allee

29-09-1990 | 1,0 km

Im Bereich des Bahnhofs **Steinfurther Allee** könnte eines Tages eine Ausfädelung Richtung Glinde gebaut werden. Der mit Seitenbahnsteigen ausgestattete Bahnhof war von Anfang an behindertengerecht. Ein eigenes Parkhaus bietet auch für Autofahrer einen optimalen Anschluss.

*From **Steinfurther Allee** station a branch to Glinde may be built in the future. The station has side platforms and was adapted for the mobility impaired from the beginning. A purpose-built car park provides good park & ride facilities.*

Mümmelmannsberg U3

29-09-1990 I 1,9 km

Der Bahnhof **Mümmelmannsberg** befindet sich unter der Kandinskyallee, der zentralen Achse des in den siebziger Jahren entstandenen Neubaugebiets am Ostrand der Stadt.
Mümmelmänner, also Hasen, zieren in Anspielung auf den Stationsnamen die teilweise gekachelten und mit spiegelnden Metallplatten verkleideten Wände. Auch dieser Bahnhof war von Anfang an behindertengerecht ausgebaut. Schon früher war ein Teil eines U-Bahnhofs in Ost-West-Richtung erbaut worden, der einem südlichen Abzweig ab **Billstedt** dienen sollte. Er konnte jedoch später wegen der neuen Trassierung nicht benutzt werden.

***Mümmelmannsberg** station lies under Kandinskyallee, the central artery of the neighbourhood built in the 1970's at the eastern edge of the city. The station is partly tiled and partly covered with reflecting metal panels, complemented by little rabbits in allusion to the district's name [Mümmelmann means 'hare']. Prior to the actual extension of line U3, a short stretch for a station aligned from west to east had been built, which was meant to be part of the southern branch coming from **Billstedt**. Later the alignment of the extension was changed, however, and the already built section could not be used.*

11
Sonderzug

220
Ring

Ring

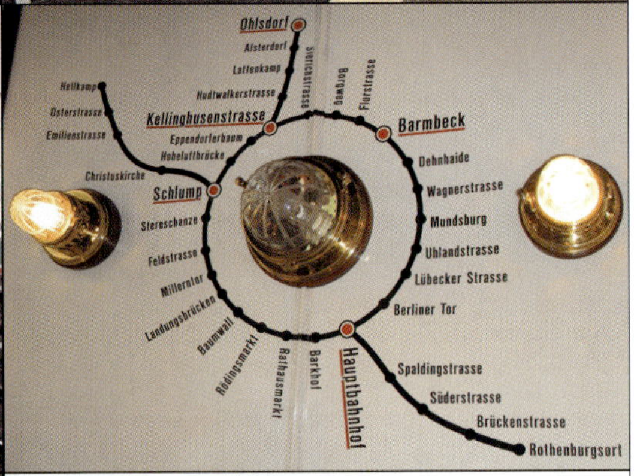
Ohlsdorf
Alsterdorf
Lattenkamp
Hudtwalckerstrasse
Sierichstrasse
Borgweg
Flurstrasse
Hellkamp
Osterstrasse
Emilienstrasse
Kellinghusenstrasse
Eppendorferbaum
Hoheluftbrücke
Barmbeck
Dehnhaide
Wagnerstrasse
Christuskirche
Schlump
Sternschanze
Feldstrasse
Millerntor
Landungsbrücken
Baumwall
Rödingsmarkt
Rathausmarkt
Barkhof
Hauptbahnhof
Mundsburg
Uhlandstrasse
Lübecker Strasse
Berliner Tor
Spaldingstrasse
Süderstrasse
Brückenstrasse
Rothenburgsort

BERLINER TOR
BEIM STROHHAUSE
Ring

HHA

U-BAHN ROLLING STOCK

Derzeit findet man auf den Hamburger U-Bahnlinien drei verschiedene Fahrzeugtypen im Einsatz:
Three different types of trains are currently in service on the Hamburg U-Bahn lines:

1) **DT2** (1961-1966)

1961 präsentierte die Hochbahn einen selbst entwickelten, zweiteiligen Zug, dessen oberste Prämisse der Leichtbau war: statt acht Achsen hatte dieser Zug nur sechs, davon waren nur vier angetrieben. Wie der frühere TU2 erhielten auch die DT2-Züge eine Nirosta-Verkleidung mit roten Türen und roter Front. Ab 1962 wurde der Zug in Serie gebaut. In mehreren Serien, die jeweils verbessert wurden, entstanden diese Züge bis 1966. Ein Doppeltriebwagen (DT) ist 28,44 m lang, 2,51 m breit und 3,35 m hoch. Er erreicht eine Höchstgeschwindigkeit von 70 km/h. Mitte der achtziger Jahre wurden einige ältere Fahrzeuge dieses Typs (wegen der unbequemen Schalensitze oft ‚Plastik-Bomber' genannt) ausgemustert und die jüngeren ‚ertüchtigt'. So entstand die Serie DT2E mit veränderter Stirnfront. Diese Züge werden seit 2000 zunehmend aus dem Verkehr gezogen, so dass nach 2006 wohl keine DT2 mehr zur Verfügung stehen werden. Derzeit kommen die knapp 40 verbliebenen und inzwischen ältesten Züge der Hamburger U-Bahn nur noch an Wochentagen auf der U3 und selten auf der U2 zum Einsatz. Ein DT2-Zug soll als Museumszug erhalten bleiben.

*1) **DT2** (1961-1966)*

In 1961, the U-Bahn operator 'Hamburger Hochbahn AG' (HHA) presented a new light-weight train unit, which consisted of two permanently coupled cars and had only six axles, instead of the eight axles previously used. Only four axles are motorised. Like the former TU2, these trains were made of stainless steel with red doors and a red front. From 1962 until 1966, this model was produced in several series. One unit (DT) is 28.44 m long, 2.51 m wide and 3.35 m high. The DT2 reaches a maximum speed of 70 km/h. Some older units were scrapped in the 1980's while newer ones were modernised, creating a DT2E series with a modified front. Although many DT2 trains have been withdrawn since 2002, some will remain in service until 2006. The last 40 units of this type are used on weekdays on line U3, and only rarely on U2. One DT2 train will be preserved for special occasions.

Links: Zu besonderen Anlässen sind zwei Museumszüge unterwegs: aus der Anfangszeit bilden die Wagen 11 (1912) und 220 (1921) einen T-Zug, außerdem kann man seit 2000 die DT1-Einheit 516 (Wagen 9030/9031 von 1958) als 'Hanseat' mit eingebautem Bistro mieten.

Left: On special occasions, two restored U-Bahn trains can be seen: from the early days carriage 11 (1912) and carriage 220 (1921) form a class T train, whereas DT1-unit 516 (cars 9030/9031 built in 1958 and now renamed 'Hanseat') has been available for hire since 2000 with a built-in bistro.

2) **DT3** (1966–1971)

1966 stellte die Hochbahn den neuen dreigliedrigen DT3-Zug auf die Schienen. Er hat acht angetriebene Achsen und erreicht eine Höchstgeschwindigkeit von 80 km/h. Aufgrund der großen Unterschiede gegenüber den DT2-Zügen wurde er DT3 ge-nannt und zwischen 1967 und 1971 in Serie gefertigt. Mit der Beschaffung der DT3 konnten die letzten Vorkriegswagen aus dem Verkehr gezogen werden. Optisch hingegen glichen die neuen Fahrzeuge bis auf den zusätzlichen Mittelwagen dem Vorgängermodell. Ein dreiteiliger DT3 ist 39,52 m lang, 2,48 m breit und 3,35 m hoch. Ein Langzug besteht aus 3 Einheiten, d.h. 9 Wagen.
Viele Jahre bestimmte diese Baureihe das Gesicht der U1 mit ihren langen Außenstrecken, auf denen leistungsfähige Züge nötig waren. Um 1980 wurden mit dieser Baureihe Versuche mit Drehstromantrieb und LZB-Betrieb unternommen.
Ab 1995 wurde ein Teil dieser Serie umfassend ertüchtigt und mit neuer Front versehen, die dem neuen DT4 nachempfunden war, während andere DT3-Einheiten ausgemustert wurden. Derzeit bestimmt der DT-3E das Bild der U3, nur gelegentlich sind diese Züge noch auf ihrer klassischen Strecke, der U1, zu sehen. Von den insgesamt 127 gebauten DT3-Einheiten befinden sich noch 68 im Einsatz.

*2) **DT3** (1966–1971)*

In 1966, a new 3-car train was introduced. It had eight motorised axles and could reach a maximum speed of 80 km/h. The DT3 had many new features and was produced from 1967 until 1971, replacing the last of the pre-war rolling stock. Apart from the additional middle car, however, the exterior was quite similar. A 3-car unit is 39.52 m long, 2.48 m wide and 3.35 m high. A full-length train consists of 3 units (9 cars). For many years, this was the predominant type of train used on line U1, as a powerful train was necessary on the long outer branches. Around 1980, experiments with three phase asynchronous motors and automatic operation were carried out on these trains.
From 1995 onwards, some of the DT3 trains were modernised; these can be distinguished by a new front (DT3E), similar to that of the following DT4 type. Other DT3 trains were scrapped. The DT3E predominates on line U3, and is rarely seen now on line U1, where it used to run for many years. Out of a total of 127 units built, 68 are still in service.

(Fotos 2+3 Jan Bartelsen)

3) **DT4** (ab 1988)

Mitte der achtziger Jahre dachte man in Hamburg erstmalig wieder über die Beschaffung neuer U-Bahnzüge nach, da die jüngsten Züge nun auch schon rund 15 Jahre alt waren. Es entstand ein hochmoderner und in der Fachwelt vielbeachteter Zug, bestehend aus vier nicht trennbaren Wagen, der 1988 der Öffentlichkeit vorgestellt wurde. Eine 4-Wagen-Einheit ist 60,28 m lang, 2,58 m breit und 3,37 m hoch. Bereits in den siebziger Jahren begannen Entwicklungen, die in dieses Fahrzeug eingeflossen sind, wie Drehstromantrieb, Thyristor-Steuerung, Sprinkleranlage, Fehlerdiagnose-Systeme und dergleichen mehr. Die Wagen ruhen auf 12 Achsen, wovon acht angetrieben sind. Ein Langzug besteht aus zwei gekuppelten Einheiten.
Derzeit befinden sich 120 Einheiten mit zusammen 480 Wagen im Alltagseinsatz, sie laufen fast ausschließlich auf der U1 und U2. Bis Ende 2004 sollen noch weitere sechs beschafft werden, die die letzten DT2 ablösen sollen. Die innere Gestaltung und auch die Fahrzeugtechnik wurde im Laufe der Jahre immer wieder angepasst, so erkennt man die neuesten Fahrzeuge der Serien DT4.5 und DT4.6 sofort an ihren blauen Sitzen und Edelstahlstangen.

4) **DT5**

Aufgrund der auf der U3 von den übrigen Linien abweichenden Bahnsteiglängen soll in den kommenden Jahren ein für diese Linie optimierter Zug entwickelt werden, der sich technisch am DT4 orientieren wird. Bei diesem Zug wird erstmals eine durchgehende Begehbarkeit in Erwägung gezogen, die bedingt durch die Hamburger Gleis- und Profilgeometrie nicht einfach umzusetzen ist. Zwischen 2009 und 2015 sollen insgesamt bis zu 90 Einheiten ausgeliefert werden, vor der Serienfertigung will die HHA jedoch erst sieben Prototypen bestellen. Die drei- oder vierteiligen Einheiten werden 40 m lang und 2,58 m breit sein, die Einstiegshöhe liegt bei 1030 mm.

*3) **DT4** (since 1988)*

In the mid-1980's, preparations began for a new type of train, as the newest trains in service then were already 15 years old. The modern DT4, which consists of four permanently coupled cars, was much acclaimed in the press when it was presented in 1988. A 4-car unit is 60.28 m long, 2.58 m wide and 3.37 m high. Many technical features developed in the 1970's were integrated into this new vehicle, such as three phase asynchronous motors, thyristor control, sprinkler systems, error analysis systems etc. A 4-car unit has 12 axles, 8 of which are motorised. A full-length train consists of two coupled units.
Currently 120 units (480 cars) are in daily service, mainly on lines U1 and U2. Six more will be delivered by the end of 2004 to replace the remaining DT2 units. The interiors of newly-delivered DT4 trains kept changing through the years and the latest DT4.5 and DT4.6 types can easily be distinguished by their blue seats and stainless steel bars.

*4) **DT5***

Due to the varying platform length on line U3, an optimized train, technically based on the DT4 type, will be designed in the near future for this line. For the first time, gangways between adjacent cars are being considered, which will be difficult to realise with the U-Bahn's particular track layout and profile. A total of 90 units should be built between 2009 and 2015, before which the HHA wants to test seven prototype trains. One unit will be 40 m long and consist of 3 or 4 cars. The train width is also 2.58 m, and floor height 1,030 mm.

S-BAHN

Die Geschichte der Hamburger S-Bahn ist eng verbunden mit der Entstehung der Eisenbahn als solches, da die meisten S-Bahnstrecken im Laufe der Jahrzehnte entlang von Fernbahnstrecken entstanden sind.

Erste Pläne für eine Eisenbahn zwischen den Hansestädten Hamburg und Lübeck gab es bereits 1831, doch da sie über dänisches Staatsgebiet verlaufen sollte, wurde sie nicht genehmigt. Ähnliche Probleme ergaben sich südlich der Elbe mit dem angrenzenden Königreich Hannover. Deshalb wurde zuerst eine Strecke auf Hamburger Staatsgebiet in Angriff genommen, nämlich die 1842 eröffnete ‚Hamburg-Bergedorfer Eisenbahn', deren Hamburger Endbahnhof im Bereich des Deichtorplatzes südlich des heutigen Hauptbahnhofs lag. Die Strecke wurde 1846 bis Berlin verlängert. Auf dieser Strecke wurde mehr als hundert Jahre später die S2 (heute S21) nach Bergedorf und Aumühle eingerichtet.

Gleichzeitig baute Dänemark die Altona-Kieler Eisenbahn, um eine von den Hansestädten unabhängige Verbindung zwischen der Ostsee und der Nordsee herzustellen. Sie wurde 1844 vom dänischen König Christian VIII eröffnet. Parallel zu dieser Strecke verläuft heute die S3 nach Pinneberg.

Wenige Jahre später, nämlich 1847, erreichte die erste Bahn vom Süden aus Richtung Hannover über Celle den Kopfbahnhof im Harburger Elbhafen. Der Brückenschlag über die Süderelbe und die Norderelbe erfolgte erst 1872, als Teil einer langen Strecke quer durch Deutschland von Hamburg nach Venlo in den Niederlanden, mit der Absicht einer Verlängerung bis Paris, weshalb der Hamburger Endbahnhof am heutigen Lohseplatz auch erst Venloer, später sogar Pariser Bahnhof genannt wurde; ab 1892 entschied man sich für die bescheidenere Bezeichnung Hannoverscher Bahnhof. Es gab eine Gleisverbindung im Straßenniveau zur Verbindungsbahn beim Bahnhof Klostertor. Entlang der Strecke über die beiden Elbarme entstand ab 1973 die Harburger S-Bahn (S3).

Erst 1865 wurde eine direkte Bahnverbindung zwischen Hamburg und Lübeck in Betrieb genommen. Sie hatte bis zur Eröffnung des Hauptbahnhofs 1906 ihren Endbahnhof an der Spaldingstraße, etwa da, wo heute die S3 Richtung Süden ausfädelt. Während die Stadtbahn (heute S1) bereits 1907 den elektrischen Betrieb entlang der Lübecker Bahn bis Hasselbrook aufnahm, wartet die Strecke bis Ahrensburg bzw. Bad Oldesloe bis heute auf ihre Elektrifizierung (S4).

Die letzte der heute für die S-Bahn relevanten Strecken war die ‚Unterelbische Eisenbahn', die 1881 von Harburg nach Cuxhaven über Buxtehude und Stade in Betrieb ging. Sie benutzt seit 1897 den gemeinsamen Harburger Bahnhof, was bedeutet, dass durchgehende Züge hier Kopf machen müssen. 1984 wurde entlang dieser Strecke die S3 bis Neugraben geführt. Ab 2007 sollen 2-System-Fahrzeuge auf den Fernbahngleisen weiter bis Buxtehude und Stade verkehren.

Bereits 1860 war der Beschluss zum Bau einer **Verbindungsbahn** zwischen Altona und dem Berliner Bahnhof gefasst worden. Sie wurde 1866, im selben Jahr, als Schleswig-Holstein (und somit auch Altona) an Preußen fiel, eröffnet. Es gab vier Zwischenbahnhöfe (Schulterblatt, Sternschanze, Dammtor und Klostertor), die alle ein Empfangsgebäude im Stil der spätklassizistischen Putzbauten hatten. Vom Bahnhof Klostertor gab es eine Straßengleisverbindung zum benachbarten Berliner Bahnhof. Die ursprünglich ebenerdig verlaufende Verbindungsbahn führte immer mehr zu Verkehrsbehinderungen, so dass sie ab 1889 nach dem Vorbild der Berliner Stadtbahn auf einen Damm gelegt und viergleisig ausgebaut wurde, um den Fern- bzw. Güterverkehr vom Nahverkehr trennen zu können. Der Ausbau war mit Eröffnung des Hauptbahnhofs 1906 abgeschlossen. Im Zuge der Umbaumaßnahmen wurde 1898 auch der Neubau des Altonaer Hauptbahnhofs ca. 500 m weiter nördlich eröffnet; so konnte die Trennung zwischen Altona und Ottensen durch die Bahnanlagen aufgehoben werden.

Ein Jahr nach Eröffnung der Verbindungsbahn, also 1867, konnte auch die Vorortbahn von Altona nach Blankenese (heute S1) dem Verkehr übergeben werden. Anfangs gab es keine Zwischenhalte, doch bald wurden mehrere Bedarfshaltestellen eingerichtet.

S-BAHN

The history of the Hamburg S-Bahn is closely linked to general railway history, as most S-Bahn lines were created along mainline routes.

The first plans for a railway link between the two Hanseatic cities of Hamburg and Lübeck appeared as early as 1831. This line would have meant crossing what was then Danish territory, but no permission was granted by the neighbouring country. Similar problems were encountered south of the river Elbe in the Kingdom of Hanover. Therefore the first line to be built had to run exclusively on Hamburg territory. The 'Hamburg-Bergedorf Railway' opened in 1842 and had its Hamburg terminus at Deichtorplatz, south of today's Central Station. This line was extended to Berlin in 1846. More than 100 years later, S-Bahn line S2 (now S21) was established along this route.

At the same time, Denmark built the 'Altona-Kiel Railway' in order to create a link between the North Sea and the Baltic Sea which would be independent from the Hanseatic cities. This line was opened in 1844 by the Danish King Christian VIII. Today, S3 to Pinneberg runs parallel to this route.

A few years later in 1847, the first southern railway, from Hanover via Celle, reached the terminus at the Elbe harbour of Harburg. It was only in 1872 that the bridges across the Süderelbe and Norderelbe were opened as part of a long railway route across Germany that stretched from Hamburg to Venlo in the Netherlands, with plans to be extended to Paris. The terminus at today's Lohseplatz was therefore called 'Venloer Bahnhof', later even 'Pariser Bahnhof'; from 1892 the more modest name 'Hannoverscher Bahnhof' was chosen. From this station there was a track link at street level to Klostertor station. Running parallel to the mainline route across both Elbe branches, the Harburg S-Bahn was built from 1973 on (S3).

A direct rail link was only established between Hamburg and Lübeck in 1865, having until the opening of the new Central Station in 1906 its terminus in Spaldingstraße, approximately where today's line S3 leaves the trunk route heading for Harburg. Whereas electric operation along the Lübeck Railway to Hasselbrook began on the Stadtbahn (today's S1) as early as 1907, the route to Ahrensburg and Bad Oldesloe has not yet been electrified (S4).

The last mainline route relevant to today's S-Bahn lines was the 'Unterelbische Eisenbahn', which began operation in 1881 from Harburg to Cuxhaven via Buxtehude and Stade. From 1897 it used the central Harburg station, forcing through trains to Hamburg to change directions there. Since 1984, S3 trains have been running to Neugraben along this route. From 2007, dual-voltage S-Bahn trains will continue on mainline tracks to Buxtehude and Stade.

In 1860, the decision to build a **link railway** between Altona and the 'Berliner Bahnhof' had been taken. It was brought into service in 1866, the same year Schleswig-Holstein (including the city of Altona) became a Prussian province. Along the link railway there were four stations (Schulterblatt, Sternschanze, Dammtor and Klostertor), all of which had neoclassical station buildings. From Klostertor station there was a track link at street level to the neighbouring 'Berliner Bahnhof'. The original link railway ran at grade and caused increasing traffic problems in the city. Thus from 1889, Hamburg followed Berlin's example and began putting the line on an embankment and expanding it to four tracks to separate long distance and goods traffic from local traffic. The reconstruction was finished in 1906 together with the new Central Station. In the course of this reconstruction, the Altona terminus was relocated some 500 m further north to eliminate the barrier between Altona and Ottensen caused by the railway tracks.

In 1867, one year after the link railway had opened, the suburban railway from Altona to Blankenese began operating (now S1). Initially there were no intermediate stations, but soon several request stops were established.

Elektrischer S-Bahnbetrieb

Gleichzeitig mit Eröffnung des Hauptbahnhofs 1906 wurde der durchgehende Betrieb von Blankenese bis Ohlsdorf, wo der Zentralfriedhof entstand, aufgenommen. Die Trasse des östlichen Abschnitts Hasselbrook – Ohlsdorf wurde für die **‚Hamburg-Altonaer Stadt- und Vorortbahn‘** neu angelegt. Die Elektrifizierung mit einphasigem Wechselstrom (6000 V, 25 Hz) dauerte jedoch noch bis 1907. Diese Strecke sollte als Versuchsstrecke für die spätere Fernbahnelektrifizierung dienen. Sie wurde 1918 bis Poppenbüttel verlängert, aber erst ab 1924 elektrisch betrieben. Die sog. Alstertalbahn sollte neue gehobene Wohngebiete auf damals preußischem Gebiet erschließen.

Ab 1934 wurde auch in Hamburg die Bezeichnung **‚S-Bahn‘** nach Berliner Vorbild eingeführt. Das 1937 verabschiedete Groß-Hamburg-Gesetz (Eingemeindung von Altona, Harburg, Wandsbek und anderer Landgemeinden im Tausch gegen Hamburger Exklaven wie Großhansdorf) ließ die Einwohnerzahl der Stadt auf 1,67 Mio. ansteigen.

Am 12. Dezember 1939 begann der Gleichstrombetrieb mit seitlich bestrichener Stromschiene (1200 V). Diese Entscheidung fiel im Hinblick auf geplante Tunnelstrecken bzw. die Überquerung der Elbe im Untergeschoss einer geplanten Hochbrücke, da durch die Verwendung einer seitlichen Stromschiene das Tunnelprofil wesentlich verringert werden könnte. Durch den 2. Weltkrieg und seine Folgen dauerte die Umstellung jedoch bis Mai 1955, so dass auf der S-Bahn fast 16 Jahre sowohl Züge mit Oberleitung als auch mit Stromschiene verkehrten.

Bis 1954 wurde die elektrische S-Bahn bis Wedel verlängert, wodurch eine 42 km lange Linie (über die Verbindungsbahn) entstand. Dabei machten die Stadtbahnzüge sowohl in Altona als auch in Blankenese Kopf.

Durch die Teilung Deutschlands wurde der Verkehr auf der Berliner Bahn immer weniger, so dass man 1958 schließlich beschloss, an der Strecke bis Bergedorf Stromschienen zu montieren, womit eine völlig neue S-Bahnlinie (heute S21) geschaffen wurde. In den sechziger Jahren wurden entlang der Kieler Bahn bis Pinneberg eigene S-Bahngleise verlegt, so dass mit Inkrafttreten des Hamburger Verkehrsverbunds 1967 eine zweite Durchmesserlinie, die S2 von Pinneberg nach Bergedorf, eingerichtet werden konnte. Die Bezeichnung S1 wurde gleichzeitig der traditionellen Stadtbahnstrecke Wedel – Poppenbüttel zugeteilt.

Für einen weiteren Ausbau des S-Bahnnetzes war es notwendig, eine zweite Innenstadtverbindung zu bauen. Da die historische Verbindungsbahn das Geschäftszentrum der Stadt nur am Rand berührt, beschloss man den Bau einer unterirdischen Strecke durch das Stadtzentrum. Die Arbeiten an der sog. **City-S-Bahn** begannen 1967. Der erste Abschnitt bis Landungsbrücken wurde 1975 eröffnet und von einer neuen Linie S10 (nach Barmbek bzw. Ohlsdorf) befahren. Der durchgehende Verkehr bis Altona konnte vier Jahre später aufgenommen werden. Ab diesem Zeitpunkt fuhren einstellige Linien (S1, S2, S3) durch den City-Tunnel, während zweistellige (S11, S21, S31) die alte Verbindungsbahn benutzten.

In der Zwischenzeit war 1969 die S2 nach Aumühle verlängert worden (diese Strecke musste für den Ausbau der Berliner Bahn nach der Wiedervereinigung Deutschlands von 1994 bis 2002 gesperrt werden). 1973 begann der Bau der Harburger S-Bahn, welche eine schnelle Verbindung für über 200.000 Hamburger südlich der Norderelbe in die Innenstadt bietet.

Im Jahr 2004 umfasst das Netz der Hamburger S-Bahn 59 Bahnhöfe mit 115 km Streckenlänge, davon sind 7,9 Kilometer eingleisig und rund 10 Kilometer liegen in Tunneln. Die Bahnsteige (durchweg Mittelbahnsteige) haben eine Länge von mindestens 140 m. Die S-Bahn wird von der S-Bahn Hamburg GmbH, einer Tochtergesellschaft der Deutschen Bahn AG (DB), betrieben.

Derzeit befindet sich ein Abzweig der S1 von Ohlsdorf zum Flughafen im Bau. Die 3,2 km lange Strecke wird nördlich des Bahnhofs Ohlsdorf aus der bestehenden Strecke ausgefädelt und verläuft dann unterirdisch in mit Schildvortrieb gebauten, 2,3 km langen und bis zu 30 m tiefen Tunneln zum Flughafen, wo bereits vor einigen Jahren Bauvorleistungen unter dem Terminal-Vorplatz erbracht worden waren. Ab 2007 sollen die Züge der S1 in Ohlsdorf geteilt werden, so dass auch der Flughafen mindestens im 10-Minuten-Takt bedient werden kann.

Der Ausbau der Gleichstrom-S-Bahn scheint somit seinen Endzustand erreicht zu haben. Weitere Projekte werden sich wahrscheinlich nur mit dem Einsatz von neuen Fahrzeugen, die sowohl im Gleichstromnetz als auch auf den Fernbahngleisen mit Wechselstrom unterwegs sein können, verwirklichen lassen. Ab 2007 soll die erste 2-System-Anschlussstrecke von Neugraben über Buxtehude nach Stade in Betrieb gehen (32 km).

Electric S-Bahn Operation

Together with the inauguration of the new Central Station in 1906, through service was started from Blankenese to Ohlsdorf, where a new central cemetery was being developed. The eastern section from Hasselbrook to Ohlsdorf was newly built for the ***'Hamburg-Altonaer Stadt- und Vorortbahn'*** *(Hamburg – Altona City & Suburban Railway). Electrification of the line using alternating current (6000 V, 25 Hz) took until 1907. This line was meant to become a trial route for the future electrification of mainline railway routes. The cross-city line was extended to Poppenbüttel in 1918, but only electrified in 1924. The so-called Alstertalbahn (Alster Valley Line) would serve new well-to-do areas on then Prussian territory.*

Since 1934, the system has been called the ***'S-Bahn'****, thus following Berlin's example. The 'Greater Hamburg Act', which included the annexation of Altona, Harburg, Wandsbek and other municipalities in exchange for some Hamburg exclaves like Großhansdorf, made the city's population rise to 1.67 million.*

From 12 December 1939 power supply was changed to 1200 V direct current, which is collected from the inner side of a third rail. This decision was taken mainly in view of future tunnel stretches and the crossing of the river Elbe on the lower floor of a high bridge, as a third rail power supply would reduce the necessary tunnel profile. Due to World War II, conversion took until May 1955, so for almost 16 years overhead and third rail power supply were used at the same time.

By 1954, the electric S-Bahn had been extended to Wedel, creating a 42 km line via the link railway. S-Bahn trains had to reverse direction both at Altona and at Blankenese.

As a consequence of Germany's division, traffic along the Berlin Railway decreased to such an extent that in 1958 a power rail was fixed along the route to Bergedorf and a totally new S-Bahn line (now S21) was opened. During the 1960's, separate S-Bahn tracks were laid along the route to Kiel, and a through route (then S2) was established from Pinneberg to Bergedorf in 1967, when the tariff system of the 'Hamburger Verkehrsverbund' came into force. From then on, the line number S1 was assigned to the classic S-Bahn route from Wedel to Poppenbüttel.

Before the S-Bahn network could be expanded further, a second cross-city link had to be built. As the historical link railway actually by-passes the commercial centre of the city, the construction of an underground link through the city centre was approved, and works began in 1967. The first section of the so-called ***'City-S-Bahn'*** *from Hauptbahnhof to Landungsbrücken, which opened in 1975, was served by a new line S10 (to Barmbek or Ohlsdorf); through operation to Altona started four years later. From then on, single-digit lines (S1, S2, S3) were routed through the city tunnel, whereas two-digit lines (S11, S21, S31) continued running along the link railway.*

In the meantime, S2 was extended to Aumühle in 1969 (this section had to be closed from 1994 until 2002 for the upgrading of the Berlin route after Germany's reunification). In 1973, construction of the Harburg S-Bahn began. This line would provide a fast link to the city for the more than 200,000 people living south of the Norderelbe.

As of 2004, the S-Bahn network has a total length of 115 km with 59 stations; 7.9 km is single-track and about 10 km is underground. Platforms, which are generally of the island type, have a minimum length of 140 m. The S-Bahn is operated by S-Bahn Hamburg GmbH, a subsidiary of Deutsche Bahn AG (DB).

Currently, an S1 branch from Ohlsdorf to the Airport is under construction. The 3.2 km line leaves S1 north of Ohlsdorf station and runs in 2.3 km long and up to 30 m deep tube tunnels to the terminal, where preliminary work on the station shell was already started some years ago. From 2007, trains arriving at Ohlsdorf will be split, allowing the Airport to be served every ten minutes.

The DC powered S-Bahn network seems to have reached its maximum extension. Future projects consider the use of new trains, which are able to run both on the S-Bahn network and on mainline tracks, switching between DC and AC. In 2007, the first dual-voltage line will open from Neugraben to Stade via Buxtehude (32 km).

S1 Wedel – Poppenbüttel

Das erste Teilstück der heutigen S1 wurde 1867 als eingleisige Vorortbahn von Altona nach Blankenese (anfangs ohne Zwischenstationen) zur Erschließung der Elbvororte eröffnet. 1883 wurde eine Nebenstrecke von Blankenese nach Wedel in Betrieb genommen. Ende des 19. Jahrhunderts wurde die erste Strecke bis Blankenese zweigleisig ausgebaut und die Bahnübergänge durch Unterführungen ersetzt. Aus dieser Zeit stammen die meisten der noch erhaltenen Bahnhofsgebäude.

Im östlichen Abschnitt befährt die S1 die bereits für den elektrischen Vorortverkehr gebaute Strecke vom Hauptbahnhof über Barmbek nach Ohlsdorf. Dieser Abschnitt wurde 1906 zusammen mit dem neuen Hauptbahnhof eröffnet, der elektrische Betrieb mit Wechselstromzügen konnte aber erst 1907 aufgenommen werden. Von Ohlsdorf wurde 1918 die Alstertalbahn bis Poppenbüttel gebaut, hier begann allerdings erst 1924 der Betrieb mit elektrischen Zügen.

Anfangs fuhr die ehemalige ‚Hamburg – Altonaer Stadt- und Vorortbahn‘ zwischen Hauptbahnhof und Altona entlang der 1866 gebauten und bis 1906 umgebauten Verbindungsbahn über Dammtor. Seit Vollendung der City-S-Bahn im Jahr 1979 fährt die S1 nun über Jungfernstieg und Landungsbrücken, während die S11 als Verstärkungslinie in den Hauptverkehrszeiten von Ohlsdorf nach Blankenese weiterhin über die Dammtor-Strecke verkehrt und dort die Linien S21 und S31 ergänzt.

Die Linie S1 Wedel – Poppenbüttel hat eine Gesamtlänge von 41,5 km und 29 Stationen, von denen 7 im Stadtzentrum unterirdisch liegen und auch von der S3 bedient werden. Am Hauptbahnhof treffen außerdem alle S- und U-Bahnlinien aufeinander, und an weiteren 6 Stationen kann man zur U-Bahn umsteigen. Die S1 fährt zwischen Blankenese und Poppenbüttel im normalen Tagesverkehr alle 10 Minuten, weiter nach Wedel auf der teilweise eingleisigen Strecke alle 20 Minuten, in den Hauptverkehrszeiten jedoch auch alle 10 Minuten. In den Hauptverkehrszeiten wird der Takt durch die S11 zwischen Poppenbüttel bzw. Ohlsdorf und Blankenese verdichtet. In schwach frequentierten Zeiten werden die Züge Richtung Poppenbüttel in Ohlsdorf gekürzt. Eine Fahrt von Wedel bis Poppenbüttel dauert 70 Minuten.

Ab 2007 soll die S1 auch den Hamburger Flughafen Fuhlsbüttel bedienen. Dazu ist geplant, die Züge in Ohlsdorf zu ‚flügeln‘, d.h. der vordere Zugteil wird weiter durch den neuen Tunnel zum Flughafen fahren, während der hintere Zugteil die gewohnte Fahrt nach Poppenbüttel fortsetzen wird.

The first stretch of today's S1 opened in 1867 as a single track suburban railway from Altona to Blankenese (initially without intermediate stations). In 1883, another route from Blankenese to Wedel was brought into service. Towards the end of the 19 th century, the line to Blankenese was expanded with a second track and level crossings were replaced by underpasses. Most of the preserved station buildings date from this period. Along the eastern section, S1 uses the Hauptbahnhof – Ohlsdorf route via Barmbek, which was built for electric operation from the beginning. This section opened together with the Central Station in 1906, but was not electrified until one year later. The 'Alstertalbahn' was added from Ohlsdorf to Poppenbüttel, but electric service on this stretch only began in 1924.

Originally, the 'Hamburg – Altonaer Stadt- und Vorortbahn' ran between the Central Station and Altona via Dammtor along the link railway route, which had opened in 1866 and was rebuilt before 1906.

Since the completion of the 'City-S-Bahn' in 1979, S1 has been operating via Jungfernstieg and Landungsbrücken, whereas the peak-hours only line S11 continues running along the Dammtor route, thus complementing S21 and S31 there.

Line S1 from Wedel to Poppenbüttel has a total length of 41.5 km with 29 stations, 7 of which lie underground in the city centre and are also served by line S3. At the Central Station, all U-Bahn and S-Bahn lines converge, and interchange with the U-Bahn also being possible at six more stations on the S1. During normal daytime traffic, S1 operates every 10 minutes between Poppenbüttel and Blankenese, with every other train continuing to Wedel along a partly single track route.

During peak hours, train intervals are shortened by S11 between Poppenbüttel / Ohlsdorf and Blankenese. During off-peak hours, trains heading for Poppenbüttel are shortened at Ohlsdorf. A trip from Wedel to Poppenbüttel takes 70 minutes.

From 2007, line S1 will also serve the Hamburg Fuhlsbüttel Airport. The current plans are to split trains at Ohlsdorf, with the front section running to the Airport, and the rear section continuing to Poppenbüttel.

1 Othmarschen

2 Rissen

S1 Wedel

(1883) 22-05-1954

1954 war **Wedel** der erste Ort außerhalb Hamburgs, der einen S-Bahnanschluss bekam. Ursprünglich stand in Wedel ein zweigeschossiges Backsteingebäude, welches Mitte der achtziger Jahre abgerissen wurde. Heute erreicht man den Mittelbahnsteig über eine kurze Ladenpassage.

*In 1954, **Wedel** was the first town outside Hamburg to be linked by S-Bahn. The original red brick station building there was demolished in the mid-1980's. Today, the island platform is accessible through a passageway lined with small shops.*

S1 Rissen

(1883) 22-05-1954 I 3,7 km

1983 erfolgte der Neubau des Bahnhofs **Rissen** etwas nördlicher im Zuge des Baus der Wedeler Landstraße, gleichzeitig wurde die Strecke Rissen – Wedel teilweise zweigleisig ausgebaut. Der Zugang zum Bahnsteig erfolgt nun an beiden Enden über eine Brücke, wobei am westlichen Ende der behindertenfreundliche Abgang über Rampen auffällt.

*In 1983, **Rissen** station was totally rebuilt slightly further north to make way for the dual carriageway to Wedel. At the same time the S-Bahn was partly expanded to two tracks. The platform can now be reached at both ends via a bridge, while at the western end a huge ramp also provides full accessibility.*

Sülldorf

S1

(1883/1927) 15-05-1950 | 2,7 km

Der Bahnhof **Sülldorf** ist weitgehend in seinem Zustand von 1927 erhalten, als die Bedarfshaltestelle zu einem richtigen Haltepunkt ausgebaut wurde. Hier müssen die Fahrgäste das stadteinwärtige Gleis über einen schrankengesicherten, überdachten Übergang überqueren, um auf den Mittelbahnsteig zu gelangen. Westlich des Bahnhofs befindet sich am Sülldorfer Kirchweg ein weiterer Bahnübergang. Da der Abschnitt **Blankenese – Wedel** bis heute größtenteils eingleisig ist, gibt es in **Sülldorf** die Möglichkeit von Zugkreuzungen.

***Sülldorf** station is preserved in the condition it was built in 1927, when the former request stop was converted into a full station. Here all passengers have to cross the inbound track to reach the island platform. To the west of the station is another level crossing at Sülldorfer Kirchweg. As the **Blankenese – Wedel** section is still mostly single track, train crossings are possible at **Sülldorf**.*

Iserbrook

S1

31-10-1950 | 1,4 km

Der S-Bahnhof **Iserbrook** entstand erst 1950 am Bahnübergang Hasenhöhe, welcher 1978 durch Hochlegung der Trasse beseitigt wurde. Gleichzeitig wurde etwa 200 m weiter westlich die heutige eingleisige Haltestelle errichtet.

***Iserbrook** station was only added in 1950 next to a level crossing at Hasenhöhe, which was eliminated in 1978 by putting the S-Bahn on an embankment. The current single-track station was then rebuilt 200 m further west.*

S1 Blankenese

(1867) 01-10-1907 I 1,7 km

In **Blankenese** steht noch ein dreigeschossiger Bahnhofsbau mit verputzter, für die Zeit typischer Fassade im romantisch-historischen Rundbogenstil, angepasst an die Umgebung. Heute behindern leider schmucklose Vorbauten die Sicht auf das eigentliche Gebäude, eine Umgestaltung des Bahnhofsareals ist allerdings geplant. Die ursprünglichen Zugangstreppen, ähnlich den noch erhaltenen im Bahnhof **Harburg**, wurden Ende der achtziger Jahre durch Neubauten ersetzt. Der Bahnhof ist auch am östlichen Ende über einen Steg zugänglich. Für den Bau der Strecke Richtung **Wedel** verzichtete man auf eine Tunnellösung unter dem Krähenberg, so dass die S1 in **Blankenese** bis heute Kopf machen muss.

__Blankenese__ still preserves a 3-storey station building showing a typical plastered neoclassical façade, which adapts itself well to its surroundings. Unfortunately, newer additions partially block the view of the actual building from the front square. The original stairs down to the platforms, similar to those still preserved at __Harburg__ station, were replaced towards the end of the 1980's. The platforms are also accessible via a footbridge at the eastern end. A tunnel solution under the Krähenberg to continue the line to __Wedel__ was discarded, so S1 trains have to change directions at __Blankenese__.

S1 Hochkamp

(1897) 01-10-1907 I 2,0 km

Der Haltepunkt **Hochkamp** wurde erst gegen Ende des 19. Jahrhunderts entlang der Vorortbahn nach **Blankenese** eingerichtet. Der anfangs schlichte Bahnsteig ist über einen Eingang in der Unterführung am östlichen Bahnsteigende erreichbar. Erst 1994 wurde die türkisfarbene Bahnsteigüberdachung errichtet.

***Hochkamp** station was added to the suburban railway to **Blankenese** only towards the end of the 19th century. Originally a very simple station accessible via a tunnel under the railway tracks at the eastern end, a turquoise roof was finally added in 1994.*

Klein Flottbek **S1**

(1867) 01-10-1907 I 1,3 km

Das heute etwas abseits stehende Empfangsgebäude am Bahnhof **Klein Flottbek (Botanischer Garten)** war im Stil der Landhäuser in den Elbvororten erbaut worden. Beim zweigleisigen Ausbau Anfang des 20. Jahrhunderts wurde der Bahnsteig nach Norden verlegt und mit einer Holzdachkonstruktion versehen, wie sie bis heute erhalten ist. Die Zugänge und der Verbindungstunnel wurden 1990 neu gestaltet. Bis 1902 hieß der Bahnhof nur Flottbek.

*The former station building at **Klein Flottbek (Botanischer Garten)** was built in the style of a typical country house of the Elbe suburbs; it is now privately used and lies some metres away from the platform, which was moved further north when the line was double-tracked in the early 20th century. The wooden roof structure dates back to that period. The accesses, including the tunnel under the tracks, were rebuilt in 1990. Until 1902 the station was simply called Flottbek.*

S1 Othmarschen

(1882) 01-10-1907 | 1,8 km

Der früher zeitweise auch Groß-Flottbek – **Othmarschen** bezeichnete Bahnhof wurde beim Umbau in den 1890er Jahren 200 m nach Osten verschoben. Das Auffälligste an diesem Bahnhof ist die erhaltene Holzdachkonstruktion und die darunter stehenden Bahnhofsaufbauten.

*During the 1890's, when the line was rebuilt, **Othmarschen** station (previously known as Groß-Flottbek – Othmarschen) was moved 200 m towards the east. The most outstanding feature of this station is its well-preserved wooden roof structure.*

S1 Bahrenfeld

(1867) 01-10-1907 | 1,5 km

Der Bahnhof **Bahrenfeld** wurde 1896 im Zuge des zweigleisigen Ausbaus der Strecke und der Höherlegung der Trasse umgebaut. Er bekam ein neues Empfangsgebäude aus gelbem Backstein, das an die Berliner S-Bahn erinnert; auch das Bahnsteigdach mit zweireihigen Gusseisensäulen ist für Hamburg eher selten. Zwischen **Bahrenfeld** und **Altona** soll am Bahrenfelder Steindamm eine zusätzliche Station errichtet werden.

__Bahrenfeld__ station was rebuilt in 1896, when the line was put on an embankment. A new yellow brick building, typical of the Berlin S-Bahn, was erected here. Also, the type of platform roof carried by two rows of cast iron pillars is rather rare in Hamburg. Between __Bahrenfeld__ and __Altona__, an additional station is planned at Bahrenfelder Steindamm.

S31 S3 Altona S1

(1844/1898/1907) 18-04-1979 I
Bahrenfeld 2,9 km; Holstenstraße 2,3 km; Diebsteich 1,9 km I ▶ Ⓢ

Der erste, im klassizistischen Stil errichtete Bahnhof **Altona**, der über einen Gleisanschluss zum nahen Hafen verfügte, wurde 1844 an der Palmaille für die Bahnstrecke nach Kiel eröffnet; im ältesten Teil des ehemaligen Bahnhofsgebäudes ist heute das Altonaer Rathaus untergebracht.
Um die Trennung Altonas vom benachbarten Ottensen durch die Bahnanlagen aufzuheben, entstand 1895-98 der heutige Bahnhof 500 m weiter nördlich. Die Hafenanbindung erfolgte durch einen 961 m langen Tunnel, der bis 1993 in Betrieb war. Der repräsentative Bau mit Rundbogenportal und zwei Türmen wurde 1974–77 im Zuge des City-S-Bahnbaus abgerissen. Für diese neue Innenstadtverbindung wurde unter dem Bahnhofsvorplatz ein viergleisiger Durchgangsbahnhof gebaut; bis dahin musste die S1 in **Altona** Kopf machen. Quer unter dem S-Bahnhof sollte einst der Bahnhof der sog. U4 nach Lurup entstehen.

*The first **Altona** station, built in neoclassical style, was opened in 1844 as the terminus of the Altona – Kiel Railway; the oldest part of this building on Palmaille Avenue is still preserved and now used by the city council.*
*To eliminate the barrier caused by the rail tracks between Altona and the neighbouring Ottensen, a new station was built in 1895-98 some 500 m further north; a 961 m long tunnel, which was in service until 1993, was dug to link the station to the harbour. The huge station building with its round arch portals and twin towers was demolished in 1974-77 in the course of the construction of the 'City-S-Bahn'. For this cross-city link a 4-track underground station was built below the station square, which finally put an end to the necessity for S1 trains to change direction at **Altona**. Perpendicularly below the current S-Bahn station, a U-Bahn station was once planned for a line to Lurup.*

S1 Königstraße S3

18-04-1979 | 1,0 km

Ursprünglich sollte die City-S-Bahn über die zentrale Große Bergstraße verlaufen, doch schließlich entschied man sich für eine südlichere Lösung, um den Bereich zwischen alter Verbindungsbahn und City-S-Bahn für die geplante U-Bahn nach Lurup freizuhalten. Der Bahnhof **Königstraße** liegt deshalb etwas abseits der Hauptverkehrsströme und weist relativ niedrige Fahrgastzahlen auf. Wie am unterirdischen Bahnsteig am **Hauptbahnhof** sieht man auch hier, dass die Farbe Braun zusammen mit einer dunklen Decke für unterirdische Bahnhöfe nicht empfehlenswert ist.

The original plans for the 'City-S-Bahn' included an alignment along the busy Große Bergstraße, but eventually a more southern-lying solution was chosen in order to leave the area between the old link railway and the new route open for a future U-Bahn line to Lurup. Consequently, ***Königstraße*** *station lies off the main traffic arteries and handles relatively low passenger numbers. As with the underground S-Bahn station at* ***Hauptbahnhof****, one can see that brown is a colour not recommended for underground stations.*

S1 Reeperbahn S3

18-04-1979 | 0,9 km

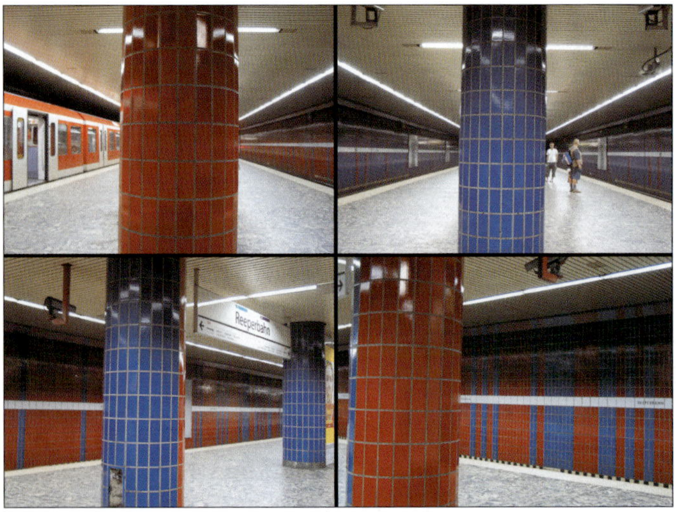

Ein 670 m langer Abschnitt zwischen **Landungsbrücken** und **Reeperbahn** wurde in 25 m Tiefe im Schildvortrieb gebaut. Der Bahnhof **Reeperbahn**, am westlichen Ende der bekannten Vergnügungsmeile, wurde mit roten und blauen Fliesen verkleidet, wobei sich je nach Position des Betrachters unterschiedliche Ansichten ergeben.

*A 670 m stretch between **Landungsbrücken** and **Reeperbahn** was excavated by tunnel boring machines at a depth of 25 m. **Reeperbahn** station, located at the western end of the famous entertainment street, is covered with red and blue tiles, producing an aspect that varies according to the position of the passenger.*

S3 Landungsbrücken S1

30-05-1975 | 1,0 km | ▶ U3

Trotz seiner Lage unter der Hochbahn und 23 m unter der Geländeoberfläche wurde der S-Bahnhof **Landungsbrücken** ebenfalls in offener Bauweise errichtet. Nach Inbetriebnahme des ersten, 3,2 km langen Abschnitts der City-S-Bahn vom **Hauptbahnhof** bis **Landungsbrücken** war hier von 1975 bis 1979 Endstation für die S10 von **Barmbek** bzw. **Ohlsdorf**. Schwarze Anker an den dicken Säulen helfen bei der Identifizierung der Station. Die in einer unregelmäßigen Linie verlaufenden blauen Fliesen im unteren Teil der Bahnsteigwände stellen die Wellen der Elbe dar.

*Despite its location beneath the elevated U-Bahn and being 23 m below ground level, **Landungsbrücken** station was built by cut-and-cover. After the first 3.2 km 'City-S-Bahn' segment opened in 1975, **Landungsbrücken** [piers] was the terminus for S10 trains from **Barmbek** or **Ohlsdorf**. Black anchors on heavy pillars help to identify the station; an irregular line of blue tiles running along the bottom of the walls represents the waves of the river Elbe.*

S1 Stadthausbrücke S3

30-05-1975 I 1,0 km

Der Bahnhof **Stadthausbrücke** liegt zwischen Altstadt und Neustadt, er gehört aber trotz seiner zentralen Lage nicht zu den meistfrequentierten Stationen. Der blau-weiß geflieste Bahnhof wurde als Zivilschutzanlage für 4500 Personen gebaut. Der Tunnel von **Stadthausbrücke** bis **Jungfernstieg** wurde in offener Bauweise unter der Alster angelegt.

__Stadthausbrücke__ station lies on the borderline between the Old Town and New Town, but is still not among the most frequented stations. The blue & white tiled station was laid out as a civil defence shelter for 4,500 people. The tunnel between __Stadthausbrücke__ and __Jungfernstieg__ was built by cut-and-cover under the Alster canal.

S1 Jungfernstieg S3

30-05-1975 I 0,7 km I ▶ U1 U2 U3

Der S-Bahnhof **Jungfernstieg** entstand gleichzeitig mit der U2 als Teil einer riesigen Umsteigestation. Der Bahnsteig der S-Bahn liegt unter der U1 und über der U2, im westlichen Abschnitt unter der Kleinen Alster und im östlichen Abschnitt unter der Binnenalster. Während alle anderen unterirdischen Bahnhöfe der S-Bahn mit Wandfliesen verkleidet wurden, verwendete man hier farbige Emailplatten.

The S-Bahn station at __Jungfernstieg__ was built at the same time as the U2 station, thus creating a huge interchange. The S-Bahn platform lies below line U1 and above U2, the western section is under the Alster canal, whereas the eastern part is under the Binnenalster lake. All other underground S-Bahn stations being covered with tiles, this is the only one where coloured enamel panels were used.

(1906) 01-10-1907 I 1,4 km I ▶ U1 U2 U3 S

Am **Hauptbahnhof** treffen sich alle U-Bahn- und S-Bahnlinien. Für die S-Bahn stehen in der alten Halle zwei Gleise Richtung Osten bzw. Süden zur Verfügung. In Vorbereitung auf die Harburger S-Bahn wurde 1980 das erste Gleis im parallel zur Halle angelegten Tunnelbahnhof in Betrieb genommen, das zweite Gleis folgte ein Jahr später. Dieser Bahnsteig liegt in einfacher Tiefenlage über allen U-Bahnlinien und dient seither den Zügen in Fahrtrichtung Westen. Die verschiedenen Brauntöne verleihen ihm leider ein ziemlich dunkles Erscheinungsbild. Die Halle des Hauptbahnhofs wurde 1984–91 renoviert, die Wandelhalle wurde mit vielen Geschäften belebt, außerdem wurde der östliche Turm wieder aufgebaut.

*At **Hauptbahnhof** [Central Station], all U-Bahn and S-Bahn lines converge. For the S-Bahn two tracks are available within the old station complex, these being used by east and southbound trains. In preparation for the S-Bahn extension to Harburg, the first track of an underground station, parallel to the initial rail terminal, was brought into service in 1980, the second track following one year later. The underground platform lies on the -1 level, above all U-Bahn lines, and is used by westbound S-Bahn trains. The different tones of brown create a rather dark appearance. The main vestibule of the Central Station was refurbished in 1984–91, when many shops were added and the eastern tower rebuilt.*

S1 Berliner Tor

(1906) 01-10-1907 | 1,5 km | ▶ U2 U3 S

Ursprünglich standen am **Berliner Tor** zwei fast identische Eingangsgebäude, eins an der Nordseite der Ohlsdorfer Strecke, das andere zwischen den beiden S-Bahnstrecken. Das nördliche fiel dem Umbau des U-Bahnhofs in den sechziger Jahren zum Opfer, das südlichere wurde durch einen einfachen Eingang ersetzt. Nachdem Anfang der achtziger Jahre ein zweites stadteinwärtiges Gleis gebaut worden war, halten die Züge Richtung **Poppenbüttel** an einem eigenen Bahnsteig, das mittlere Gleis wird von der Verstärkungslinie S11 Richtung **Hauptbahnhof** und von hier kehrenden Fahrten der Linie S31 benutzt.

*At **Berliner Tor** there were originally two almost identical buildings, one on the northern side of line S1 and another between the two S-Bahn routes. The first had to be demolished when the adjacent U-Bahn station was rebuilt in the 1960's, and the latter was replaced by a simple entrance building. At the beginning of the 1980's, a second inbound track was built, and since then trains to **Poppenbüttel** have used a separate platform, leaving the middle track for inbound S11 trains and reversing S31 trains.*

S1 Landwehr

(1906) 01-10-1907 | 1,3 km

Einst stand am Bahnhof **Landwehr** ein prächtiges dreigeschossiges Empfangsgebäude, das nach dem Krieg nur teilweise wieder aufgebaut wurde, bis es dann in den siebziger Jahren ganz abgerissen wurde. Heute befindet sich hier nur ein schmuckloser Eingang.

__Landwehr__ station once boasted a beautiful 3-storey entrance building, which was only partly rebuilt after the War and finally demolished in the 1970's. Today's entrance is rather inconspicuous.

(1907) 01-10-1907 I 1,4 km

Das ursprüngliche Empfangsgebäude von Eugen Göbel ist in **Hasselbrook** noch erhalten, es wird aber heute als Gaststätte genutzt. Bis 1990 war es über eine Eisenfachwerkbrücke mit dem Bahnsteig verbunden. **Hasselbrook** war eigentlich anfangs als Endbahnhof der Stadtbahn gedacht, doch noch vor seiner Inbetriebnahme beschloss man den Weiterbau bis Ohlsdorf. Am zweiten Bahnsteig halten die Dieselzüge der Lübecker Bahn, die bis 2003 als sog. S4 verkehrten (heute R10).

*The original **Hasselbrook** station building designed by Eugen Göbel has been preserved, although today it is used as a restaurant. Until 1990, an iron bridge linked the building to the platform. Initially **Hasselbrook** was meant to become the eastern terminus of the 'Stadtbahn', but by the time it opened, an extension to Ohlsdorf had already been decided upon. The second platform is used by regional diesel trains, which until 2003 were labelled 'S4' (now R10).*

S1 Wandsbeker Chaussee

(1906) 01-10-1907 | 0,8 km | ▶ U1

Wandsbeker Chaussee war der einzige Bahnhof der Ohlsdorfer Strecke, für den kein Empfangsgebäude errichtet wurde. Stattdessen erreichte man den Bahnsteig von Anfang an direkt über eine Treppe von der Straßenbrücke. Die eingehauste Eisentreppe wurde in den siebziger Jahren erneuert, und 1990 wurde auch eine Fahrtreppe eingebaut. Leider verzichtete man bei Bau der U1 auf einen direkten Übergang zwischen den beiden Schnellbahnen.

Wandsbeker Chaussee *is the only station along the Ohlsdorf route which has never had a station building. The platform is accessible via a flight of stairs from the road bridge. The original iron staircase was renovated in the 1970's, and in 1990 an escalator was added. Unfortunately, no pedestrian tunnel was built between the two systems, when U1 was extended to Wandsbek.*

S1 Friedrichsberg

(1906) 01-10-1907 | 0,7 km

Am S-Bahnhof **Friedrichsberg** wurde das mit barocken Elementen verzierte Eingangsgebäude mit einem Turm im 2. Weltkrieg fast komplett zerstört. Es wurde 1954 in seiner heutigen Form, angelehnt an die Station **Alte Wöhr**, neu errichtet.

The beautiful original station building at ***Friedrichsberg****, which featured baroque elements and a tower, was almost completely destroyed in World War II. It was built in its current form, an imitation of the station building at* ***Alte Wöhr****, in 1954.*

Barmbek

S1

(1906) 01-10-1907 I 1,5 km I ▶ U2 U3

Das 1905 im Landhausstil errichtete Bahnhofsgebäude **Barmbek** südlich der Gleisanlagen wurde 1916 im Zuge der Erweiterung der Hochbahn abgerissen. Von den heutigen drei Mittelbahnsteigen benutzt die S-Bahn den nördlichen, der direkt neben dem in den achtziger Jahren errichteten Busbahnhof liegt.

*The **Barmbek** station building, which was built in 1905 in country house style and which stood on the southern side of the station complex, was demolished as early as 1916 to allow for the expansion of the U-Bahn platforms. Today there are three island platforms, the northernmost one, that lies adjacent to the bus terminal, being used by the S-Bahn.*

Alte Wöhr

S1

29-04-1931 I 1,5 km

Der Bahnhof **Alte Wöhr** wurde erst 1931 nach Plänen von Architekt Eitner im Stil der Neuen Sachlichkeit gebaut. Er hieß anfangs Stadtpark, seit 1970 nun **Alte Wöhr (Stadtpark)**. Nach mehreren Umbauten ist heute nur noch die viertelkreisförmige Grundstruktur des Empfangsgebäudes zu erkennen, dessen Innenbereich einer dringenden Renovierung bedarf.

***Alte Wöhr** station was designed by architect Eitner in New Functionalism style and was only added to the existing line in 1931. Initially called Stadtpark, it was changed to **Alte Wöhr (Stadtpark)** in 1970. After some modifications, only the basic structure of the access building in the form of a quarter circle is recognisable today. The interior is in urgent need of refurbishment.*

S1 Rübenkamp

01-10-1913 I 1,0 km

Der Bahnhof **Rübenkamp (City Nord)** wurde 7 Jahre nach Inbetriebnahme der Ohlsdorfer Strecke als Zugang zum Allgemeinen Krankenhaus Barmbek errichtet. Das ursprüngliche Empfangsgebäude im Hamburger Heimatstil von Eugen Göbel wird heute als Gaststätte genutzt. Der Zugang zum Bahnsteig erfolgt seit 1985 über einen provisorischen Holzsteg. Am Südende existierte bis in die siebziger Jahre ein weiterer Ausgang Richtung Osten, der dann durch eine Holzbrücke über die Gütergleise Richtung Westen ersetzt wurde, so dass man auf einem anschließenden Waldweg die City Nord erreichen kann.

*Built in order to provide access to Barmbek's general hospital, **Rübenkamp (City Nord)** station opened seven years after the line to Ohlsdorf had begun operation. The original station building by Eugen Göbel is now used as a restaurant. Since 1985 the platform has been accessible via a provisional wooden bridge. At the southern end, another exit led to the eastern side until the 1970's, when it was replaced by a wooden bridge across the goods tracks towards the west. From there, a path leads through a small forest to the 'City Nord' office blocks.*

S1 Ohlsdorf

(1906) 01-10-1907 I 1,6 km I ► U1

Den frühen Anschluss ans Schnellbahnnetz verdankt **Ohlsdorf** dem hier angelegten Zentralfriedhof. Das ursprüngliche, im Landhausstil errichtete Bahnhofsgebäude von Architekt Henry Grell ist noch erhalten und wird auch noch als solches genutzt. Aus den zwanziger Jahren stammt der viertürige Eingangsbereich. Die einseitig verglaste Bahnsteighalle musste 1978 einem einfachen Bahnsteigdach weichen. Ab 2007 wird ein Zugteil der S1 unterirdisch zum Flughafen weiterfahren.

__Ohlsdorf__ was chosen as the initial terminus of the city railway to provide a link to the new central cemetery. The original station building designed by Henry Grell in country style is well preserved and also still used for this purpose. In the 1920's, the four doors were added to the entrance building. The platform hall, covered with glass on one side, had to be replaced by a simple roof in 1978. From 2007, one section of each train will continue underground from here to the Airport.

Kornweg S1

(1918) 12-03-1924 | 2,1 km

1918 wurde die Alstertalbahn als Verlängerung der Stadtbahn gebaut. Bis 1924 verkehrten hier allerdings Benzoltriebwagen. Die Bahnhöfe auf dieser Strecke waren von Anfang an schlicht gehalten. Das Eingangsgebäude am Bahnhof **Kornweg (Klein Borstel)** ist ein einfaches Klinkerbauwerk aus der Nachkriegszeit.

In 1918, the 'Alstertalbahn' was built as an extension of the 'Stadtbahn'. This stretch was operated with benzole-driven trains until its electrification in 1924. All stations along this route were given rather simple designs. At __Kornweg (Klein Borstel)__ a plain post-war redbrick entrance building can be found.

S1 Hoheneichen

(1918) 12-03-1924 I 1,0 km

Wie bei den beiden Nachbarstationen wurde auch am Bahnhof **Hoheneichen** der ursprüngliche Eisenfachwerkaufgang später durch ein gemauertes, verfliestes Bauwerk ersetzt. Der Eingangsbereich dient gleichzeitig als Fußgängerdurchgang unter der S-Bahn.

Like the neighbouring stations, ***Hoheneichen*** *station once had a cast-iron staircase, which was later replaced by a tiled brick structure. The station access can also be used as an underpass to cross beneath the S-Bahn tracks.*

S1 Wellingsbüttel

(1918) 12-03-1924 I 1,3 km

Am Bahnhof **Wellingsbüttel** führt vom südlichen Ende des Bahnsteigs ein orange gefliester Treppenabgang, dessen Fenster aus Glasziegeln bestehen, zu einer kleinen Schalterhalle, die zu beiden Seiten des S-Bahndamms geöffnet ist.

From the southern end of the platform at ***Wellingsbüttel****, an orange tiled staircase with glass-brick windows leads to a small vestibule, which is open to both sides of the S-Bahn embankment.*

Foto: Jan Bartelsen

Poppenbüttel

S1

(1918) 12-03-1924 I 1,5 km

Am Endbahnhof der Alstertalbahn in **Poppenbüttel** wurde 1973 ein Busbahnhof eingerichtet. Der Zugang am Südende des Bahnsteigs wurde wie bei allen Bahnhöfen der Strecke in den achtziger Jahren durch einen Klinkerbau ersetzt.

In 1973, a bus terminal was built at the ***Poppenbüttel*** *S-Bahn terminus. The access to the platform, located at the southern end of the station, was replaced by a brick building during the 1980's.*

S21 Elbgaustraße – Aumühle

Die Linie S21 teilt sich auf dem westlichen Ast mit der S3 die Strecke bis zum Bahnhof Elbgaustraße, der letzten Station auf Hamburger Gebiet. Bis 2003 fuhr die S21 in der Hauptverkehrszeit weiter bis Pinneberg. Der S-Bahnabschnitt zwischen Holstenstraße und Elbgaustraße wurde in den sechziger Jahren größtenteils auf der ehemaligen Trasse der AKN östlich der Fernbahntrasse gebaut.

Der mittlere Abschnitt der S21 besteht aus der 1866 gebauten Verbindungsbahn, einer Strecke, die im Zuge des Baus des Hauptbahnhofs Anfang des 20. Jahrhunderts auf einen Damm gelegt wurde, wofür sämtliche Bahnhöfe neu gebaut werden mussten.

Der östliche Ast der S21 war eine Folge der Teilung Deutschlands. Da auf der damals nicht elektrifizierten Fernbahn nach Berlin immer weniger Züge fuhren, konnte man die Strecke für den Betrieb mit Gleichstrom-S-Bahnzügen ausbauen. Erst nach der Wiedervereinigung Deutschlands 1990 wurden eigene Gleise für Fernbahn und S-Bahn (zwischen Wohltorf und Aumühle eingleisig) angelegt. Während im Bereich Bergedorf später noch neue Stationen hinzukamen, wurden die Bahnhöfe Tiefstack, Billwerder-Moorfleet und Mittlerer Landweg zwischen 1989 und 2001 von den Zügen der S2 ohne Halt durchfahren, um die Reisegeschwindigkeit dieser Verstärkerlinie zu erhöhen.

Die S21 fährt tagsüber zwischen Elbgaustraße und Bergedorf alle 10 Minuten, weiter bis Aumühle alle 20 Minuten (in den Hauptverkehrszeiten auch alle 10 Minuten). Während der Hauptverkehrszeiten wird die S21 durch die S2 verstärkt, die von Bergedorf über die City-S-Bahn nach Altona verkehrt.

Bergedorf

Die S21 Elbgaustraße – Aumühle hat eine Gesamtlänge von 35,7 km mit 20 Stationen, wovon 5 auch von der S3 und weitere drei auch von der S31 (in Spitzenzeiten auch von der S11) bedient werden. Am Hauptbahnhof treffen alle S- und U-Bahnlinien aufeinander. Zur U-Bahn kann man an zwei weiteren Stationen, nämlich Berliner Tor und Sternschanze, umsteigen. In Eidelstedt besteht direkter Anschluss zur AKN-Linie A1. Die S21 fährt nur am Hauptbahnhof Richtung Elbgaustraße unterirdisch. Eine Fahrt von Elbgaustraße bis Aumühle dauert 49 Minuten.

Hauptbahnhof

Aumühle

On the western section, S21 shares tracks with line S3 as far as Elbgaustraße, the last station within the Hamburg city boundaries; until 2003, S21 used to continue to Pinneberg during peak hours. The section between Holstenstraße and Elbgaustraße was built in the 1960's, mostly by converting the former AKN route that ran east of the mainline tracks to Kiel.

The middle section of S21 is part of the 1866 link railway, which was put on an embankment in the early 20 th century, when all stations had to be rebuilt.

The eastern S21 section was a consequence of Germany's division. As the line to Berlin, which was not electrified then, was becoming more and more underutilized, it was upgraded for S-Bahn operation instead. Whereas new stations were later added in the Bergedorf area, S2 trains skipped Tiefstack, Billwerder-Moorfleet and Mittlerer Landweg between 1989 and 2001 to increase travel speed on this peak-hours only line. It was only after Germany's reunification in 1990 that separate tracks for long distance trains and S-Bahn were built (single track between Wohltorf and Aumühle).

During normal daytime service, line S21 operates every ten minutes between Elbgaustraße and Bergedorf, and further on to Aumühle every 20 minutes (every 10 minutes during peak hours). During peak hours, S21 is reinforced by S2, which runs from Bergedorf to Altona via the city tunnel.

Line S21 from Elbgaustraße to Aumühle has 20 stations and a total length of 35.7 km, five stations also being served by S3, and three shared with line S31 (in peak hours also S11). All S-Bahn and U-Bahn lines meet at Hauptbahnhof. Transfer to the U-Bahn is also possible at Berliner Tor and Sternschanze. At Eidelstedt station, direct transfer is provided to AKN line A1. Line S21 is only underground at Hauptbahnhof in direction Elbgaustraße. A trip from Elbgaustraße to Aumühle takes 49 minutes.

Elbgaustraße | Eidelstedt | Stellingen | Langenfelde | Diebsteich ► S3 (Seiten / pages 123-125)

S21 Holstenstraße S31

(1865/1893) 01-10-1907 I Diebsteich 1,3 km, Altona 2,3 km

1893 ersetzte der Bahnhof **Holstenstraße** den früheren Halt Schulterblatt, der 1865 eröffnet worden war und etwas weiter östlich lag. Der Bahnhof **Holstenstraße** war einst ein stattlicher Bahnhof mit einem im Jugendstil errichteten Empfangsgebäude und einer Doppelbogenhalle mit Fernbahnsteig. Die Halle wurde im 2. Weltkrieg stark zerstört und schließlich Mitte der achtziger Jahre abgetragen. Die 1988 fertig gestellte Dachkonstruktion versucht die ehemalige Halle anzudeuten. Die Züge der S31 fahren ab Holstenstraße im Linksverkehr nach Altona, um dort das Umsteigen am selben Bahnsteig Richtung Wedel und Pinneberg und umgekehrt zu ermöglichen.

*In 1893, **Holstenstraße** station replaced the former stop Schulterblatt, which had opened in 1865 and was located further east. **Holstenstraße** was once an impressive station, boasting an art nouveau station building and a double vaulted roof structure that covered both mainline and S-Bahn platforms. The station hall was severely damaged during World War II and finally demolished in the 1980's. The new roof structure from 1988 is intended to suggest the original form. From Holstenstraße, westbound S31 trains arrive at Altona on the outbound platform to provide easy transfer there towards Wedel and Pinneberg, and vice versa.*

S21 Sternschanze S31

(1865/1893) 01-10-1907 I 1,2 km I ► U3

500 m östlich des heutigen Bahnhofs **Sternschanze** kann man neben der S-Bahntrasse noch das ursprüngliche Bahnhofsgebäude sehen. Es wurde 1866 im spätklassizistischen Stil erbaut und ist das einzige erhalten gebliebene der einst ebenerdigen Verbindungsbahn. 1903 entstand an heutiger Stelle eine Glaskuppelhalle, die Mitte der siebziger Jahre abgerissen wurde; davon steht nur noch das Eingangsportal, dessen Reste 1988 renoviert wurden. 1969 wurde das Bahnsteigdach zum Schutz beim Umsteigen zur U-Bahn über den östlichen Bereich verlängert, der Übergang zur U-Bahn wurde 1973 verbreitert und mit einer Fahrtreppe ausgestattet.

*At **Sternschanze**, the only surviving station building along the original link railway from 1866 can be found, built in neoclassical style like the rest were. It can still be seen some 500 m further east, beside the S-Bahn tracks. In 1903, at the station's current location, a vaulted glass hall was built, but this was demolished in the mid-1970's. The only remaining part is the entrance portal, parts of which were refurbished in 1988. In 1969 the platform roof was extended further east towards the exit for the U-Bahn, that exit being widened in 1973 and an escalator built in.*

Dammtor

(1865/1893) 01-10-1907 I 1,7 km I ▶ U1

Der erste Bahnhof **Dammtor** mit einem bereits sehr stattlichen Empfangsgebäude lag etwas weiter südlich auf dem Gelände des heutigen Gustav-Mahler-Parks. Der heutige Bahnhof von 1903, bei dem Tageslicht durch große seitliche Fenster einfällt, entstand nach dem Vorbild der Berliner Stadtbahnhöfe Friedrichstraße und Alexanderplatz nach Plänen von Schwartz und Rüdell. Der Bahnhof **Dammtor**, an dem auch ICE-Züge halten, wurde im Laufe der neunziger Jahre vorbildlich renoviert.

*The first **Dammtor** station, which already had an impressive station building, stood further south on the location of today's Gustav-Mahler-Park; the current station building from 1903, with daylight coming in through huge windows on both sides, was designed by Schwartz and Rüdell following the examples of Berlin's Friedrichstraße and Alexanderplatz stations. **Dammtor** station, which is also a stop for ICE trains, was refurbished during the 1990's.*

S21 Hauptbahnhof S31

(1906) 01-10-1907 | 1,5 km | ▶ U1 U2 U3 S

Der ursprüngliche Endpunkt der 1866 eröffneten Verbindungsbahn war der Bahnhof Klostertor, der südlich des heutigen Hauptbahnhofs und unweit des Berliner Bahnhofs lag. Der neue **Hauptbahnhof** entstand im Graben der ehemaligen Wallanlagen. Er sollte laut Wettbewerbsgewinner Ernst Möller im Jugendstil errichtet werden, doch der Kaiser erhob dagegen Einspruch. Eine 37 m hohe und 121 m lange Dachkonstruktion überspannt die Bahnhofshalle, in der mit Eröffnung der Bergedorfer S-Bahn ab 1958 statt bislang zwei auch ein drittes Gleis für die S-Bahn reserviert war. Heute stehen der S-Bahn wieder die beiden östlichen und zwei weitere Gleise im nebenliegenden Tunnelbahnhof zur Verfügung.

The original terminus of the link railway opened in 1866 was Klostertor, located slightly south of today's Central Station and near the former 'Berliner Bahnhof'. The new Central Station was built in the moat of the former city fortifications. According to plans by contest winner Ernst Möller, it should have been an art nouveau building, but the Emperor objected to that. A 37 m high and 121 m long roof structure spans the platforms. From 1958, when the S-Bahn to Bergedorf opened, three tracks, instead of the former two, were reserved for the S-Bahn. At present, the two easternmost tracks, besides the two in the adjacent underground station, are once again being used by the S-Bahn.

S21 Berliner Tor

(1906) 01-06-1958 | 1,6 km | ▶ U2 U3 S

Der Bahnhof **Berliner Tor** (anfangs auch Heidenkampsweg) an der Bergedorfer Strecke wurde höher angelegt, um eine kreuzungsfreie Ausfädelung der Vorort- und Fernbahngleise zu ermöglichen. 1909 kam noch ein Bahnsteig für die Fernbahn hinzu, der aber heute außer Betrieb ist. Nach Beginn des S-Bahnverkehrs im Juni 1958 endeten die Züge von **Bergedorf** bis Oktober 1959 am **Berliner Tor**, weil die Verbindung zur heutigen S1-Strecke noch nicht fertig gestellt war.

***Berliner Tor** station (initially also called Heidenkampsweg) on the route to **Bergedorf** was built on an embankment to allow for a perfect junction of both mainline and suburban tracks. A second platform, now out of service, was added for mainline trains in 1909. From June 1958 until October 1959, S-Bahn trains from **Bergedorf** terminated at **Berliner Tor**, as the link to the S1 route had not yet been completed.*

Rothenburgsort

S21

(1907) 01-06-1958 | 1,8 km

Der Bahnhof **Rothenburgsort** entstand 1907 an der Berliner Bahnstrecke und präsentiert sich heute noch weitgehend in derselben Gestalt. Von 1915 bis 1943 lag östlich des Bahnhofs die Endstation der Hochbahnzweiglinie.

__Rothenburgsort__ station was built in 1907 on the route to Berlin and still preserves much of its original appearance. Between 1915 and 1943, the terminus of the U-Bahn branch line was located directly east of the S-Bahn station.

Tiefstack

S21

(1842/1907) 01-06-1958 | 2,1 km

Der heutige, nicht überdachte S-Bahnhof **Tiefstack** stammt von 1996, als die Trasse im Zuge des Ausbaus der Berliner Fernbahn etwas nach Norden verlegt wurde. Doch auch früher handelte es sich schon um einen sehr schlichten Haltepunkt.

The current roofless station at __Tiefstack__ dates from 1996, when the S-Bahn alignment was moved further north to allow for the construction of separate mainline tracks on the Berlin route. The former station also displayed a very simple design.

S21 Billwerder-Moorfleet

(1842) 01-06-1958 I 2,5 km

Das Bahnhofsgebäude von **Billwerder-Moorfleet** wurde 1928 im Zuge der Begradigung der Berliner Bahn errichtet und ist gut erhalten, es wird aber nicht mehr als solches genutzt. Den ehemaligen Mittelbahnsteig erreichte man früher durch einen Tunnel, seit 1990 nun über eine Brücke. Beim Ausbau der Fernbahn Mitte der neunziger Jahre wurde quasi ein Hausbahnsteig angelegt und die südliche Hälfte des Mittelbahnsteigs geschlossen, so dass die S-Bahn heute an Seitenbahnsteigen hält.

*The station building at **Billwerder-Moorfleet** was built in 1928 when the Berlin Railway was straightened in that area. The building is well preserved, but not used for railway purposes. The former island platform was accessible through a tunnel until a bridge was built in 1990. When the mainline to Berlin was upgraded in the 1990's, a side platform was built for inbound trains and the outer half of the island platform was closed.*

S21 Mittlerer Landweg

(1928) 01-06-1958 I 3,1 km

Der Zugang zum Mittelbahnsteig des Bahnhofs **Mittlerer Landweg** erfolgt von der Unterführung aus, es gibt kein Empfangsgebäude. Als Regenschutz dient auf dem Bahnsteig eine Holzüberdachung, unter der sich ein Schalter, sowie Warte- und Diensträume befinden.

*The island platform at **Mittlerer Landweg** can be reached via an underpass; there is no station building. On the platform, a wooden roof, under which there is a ticket office, a waiting room and staff rooms, provides shelter on rainy days.*

Allermöhe

S21

30-05-1999 | 1,6 km

Allermöhe ist Hamburgs neuester S-Bahnhof. Er wurde auf der bestehenden Strecke eingefügt und bedient ein groß angelegtes Wohngebiet, von welchem bisher nur der südlich der Bahn gelegene Teil verwirklicht wurde. In den achtziger Jahren gab es auch Planungen, die U3 von **Mümmelmannsberg** nach **Allermöhe** zu verlängern.

__Allermöhe__ is Hamburg's newest S-Bahn station. It was added to the existing line to serve a new residential area, of which only the part situated south of the railway line has yet been built. In the 1980's there were also plans to extend line U3 from __Mümmelmannsberg__ to __Allermöhe__.

Nettelnburg

S21

28-05-1970 | 1,0 km

Der Bahnhof **Nettelnburg** entstand (zeitgleich mit dem U-Bahnhof **Merkenstraße**) mitten in einem neuen Wohngebiet westlich von Bergedorf. Die schlichte Gestaltung der Anlage erinnert an die in den sechziger Jahren gebaute Pinneberger S-Bahn, auch wenn das südliche Backsteinportal dem Bahnhof eine persönliche Note verleiht.

__Nettelnburg__ station was built (at the same time as U-Bahn station __Merkenstraße__) in a new neighbourhood in the western part of Bergedorf. The simple design of the station is similar to the 1960's stations along the route to Pinneberg, although the southern redbrick portal makes it somewhat distinguishable.

S21 Bergedorf

(1846) 01-06-1958 I 1,7 km

Der erste Bergedorfer Bahnhof von 1842, dessen Empfangsgebäude noch erhalten ist, lag weiter südlich am Neuen Weg. Bei der Verlängerung der Bahn Richtung Berlin 1846 wurde der Bahnhof in der heutigen Lage mit einem klassizistischen Empfangsgebäude errichtet. Im Zuge der Höherlegung der Bahnanlagen zur Vermeidung von niveaugleichen Kreuzungen entstand 1937 das heutige Empfangsgebäude (siehe S. 110). In **Bergedorf** sind drei Gleise mit Stromschienen versehen.

*The first **Bergedorf** station from 1842, whose station building is still preserved, was located further south at Neuer Weg. When the railway line was extended to Berlin in 1846, a new station was built at the current location with a neoclassical entrance building. When the line was put on an embankment in 1937, it was replaced by the current building (see p. 110). **Bergedorf** has three tracks equipped with a power rail.*

S21 Reinbek

(1846) 01-06-1969 I 3,8 km

Ab Juni 1969 wurde der elektrische S-Bahnbetrieb von **Bergedorf** bis **Aumühle** auf den Gleisen der Fernbahn eingerichtet. Zwischen 1994 und 1997 verkehrte die S-Bahn nur bis **Bergedorf**, um den Ausbau der Fernbahn nach Berlin zu ermöglichen. In dieser Zeit sollte der Bahnhof **Reinbek** auch grundsaniert werden, jedoch ist bis heute nicht damit begonnen worden.

*From June 1969, S-Bahn service was extended from **Bergedorf** to **Aumühle** on the mainline tracks. Between 1994 and 1997, the S-Bahn terminated at **Bergedorf** to allow for the upgrading of the Berlin line. During this closure, **Reinbek** station was supposed to have been rebuilt, but an urgently required renovation has not as yet been carried out.*

Wohltorf

S21

(?) 01-06-1969 I 2,2 km

In **Wohltorf** gab es ursprünglich einfache Seitenbahnsteige ohne Überdachung. Der Bahnhof wurde im Zuge des Ausbaus der Strecke vollkommen neu gebaut. Der Tunnel unter dem Bahnsteig ist über eine Rampe erreichbar, der Bahnsteig selbst mit einem Aufzug.

The original station at ***Wohltorf*** *had simple side platforms without any roof covering. During the line's upgrading in the 1990's, the station was totally rebuilt with an island platform. Full accessibility is provided via a ramp from the northern entrance to an underpass, the platform being reached from there by a lift.*

Aumühle

S21

(1884) 01-06-1969 I 2,8 km

Am 26. Mai 2002 wurde der durchgehende S-Bahnverkehr bis **Aumühle** wieder aufgenommen, nachdem zwischen **Reinbek** und **Aumühle** 5 km eigene S-Bahngleise verlegt worden waren. Ab **Wohltorf** ist die Strecke nur eingleisig. Im Zuge der Ausbauarbeiten wurde der Bahnhof aus dem Jahre 1908 grundsaniert (siehe auch Seite 111). Hier kann man am selben Bahnsteig zur Regionalbahn nach Büchen umsteigen. Bis Friedrichsruh gehörte die Strecke immer zum S-Bahntarif und war deshalb auch lange auf den Plänen als S-Bahnlinie ‚zu S21' eingezeichnet.

On 26 May 2002, through S-Bahn traffic to ***Aumühle*** *was resumed after the laying of separate S-Bahn tracks along the 5 km section between* ***Reinbek*** *and* ***Aumühle*** *(single track from Wohltorf); the station from 1908 was then totally refurbished (see p. 111). At* ***Aumühle****, transfer to regional trains to Büchen is possible on the same platform. The stretch to Friedrichsruh has always been part of the S-Bahn tariff and was hence shown on S-Bahn maps for a long time as 'zu S21'.*

S3 Pinneberg – Neugraben

Die S3 ist die neueste der Hamburger S-Bahnlinien. Im Nordwesten bedient sie zwischen Pinneberg und Altona den in den sechziger Jahren gebauten und bis 1983 von der S2 befahrenen Abschnitt. Die S3 durchquert das Stadtzentrum wie die S1 im Tunnel der City-S-Bahn und zweigt östlich des Hauptbahnhofs von den beiden anderen Linien Richtung Süden ab. Auf einer in den achtziger Jahren fertig gestellten, aufgeständerten Strecke fährt sie durch Hammerbrook und überquert beide Elbarme auf Brücken, bevor sie schließlich in Harburg wieder im Untergrund verschwindet. Der südwestliche Abschnitt bis Neugraben verläuft wieder an der Oberfläche parallel zur Fernbahn nach Cuxhaven. Ab 2007 werden speziell ausgerüstete S-Bahnzüge auf den Ferngleisen weiter über Buxtehude nach Stade fahren.

Die S3 Pinneberg – Neugraben hat eine Gesamtlänge von 43,4 km und 24 Stationen, von denen 7 im Stadtzentrum und 3 in Harburg unterirdisch liegen. Zwischen Elbgaustraße und Diebsteich fährt die S3 gemeinsam mit der S21 und zwischen Altona und Hauptbahnhof gemeinsam mit der S1. Die S3 verkehrt ganztags alle 10 Minuten, sie wird auf dem südlichen Ast tagsüber durch die S31 ergänzt, die ebenso alle 10 Minuten bis Harburg Rathaus und in der Hauptverkehrszeit bis Neugraben fährt. Auf der Verbindungsbahn zwischen Hauptbahnhof und Holstenstraße wird mit den Linien S21 und S31 tagsüber ein 5-Minuten-Takt angeboten. Zu verkehrsschwachen Zeiten pendelt die S31 zwischen Altona und Berliner Tor.

S3 is Hamburg's newest S-Bahn line. In the northwest it runs on the Pinneberg – Altona section, which was built in the 1960's and served by line S2 until 1983. S3 crosses the city centre through the S-Bahn tunnel together with S1 before branching off towards Harburg, east of the Central Station. Through the Hammerbrook area it runs on an elevated route built in the 1980's, crosses both Elbe branches on bridges, and finally goes underground again through the centre of Harburg. The southwestern section to Neugraben runs once again on the surface, parallel to the mainline to Cuxhaven. From 2007, specially equipped S-Bahn trains will continue on mainline tracks to Stade via Buxtehude.

Line S3 from Pinneberg to Neugraben has a total length of 43.4 km with 24 stations, 10 of which lie underground – seven in the city centre and three in Harburg. Between Elbgaustraße and Diebsteich line S3 operates jointly with line S21, and between Altona and Hauptbahnhof together with line S1. Line S3 runs every ten minutes all day, on the southern leg it is complemented by line S31, which during normal daytime terminates at Harburg Rathaus and during peak hours continues to Neugraben. Along the link railway between Hauptbahnhof and Holstenstraße lines S21 and S31 provide a 5-minute headway. In off-peak hours, line S31 shuttles between Altona and Berliner Tor.

Pinneberg

(1844) 22-09-1967

In **Pinneberg** endet die S-Bahn stumpf östlich des alten Bahnhofsgebäudes, welches wohl abgerissen werden müsste, falls die S-Bahn doch eines Tages bis Elmshorn verlängert werden sollte. Heute erscheint allerdings eine Lösung mit Zwei-System-Fahrzeugen, wie sie für die Verlängerung ab **Neugraben** geplant ist, wahrscheinlicher.

*At **Pinneberg**, the S-Bahn terminates east of the old station building, which would have to be demolished if the S-Bahn were to be extended to Elmshorn one day. Nowadays, an extension using dual-voltage trains is more likely, such as that planned from **Neugraben** to Stade.*

S3 Thesdorf

22-09-1967 | 1,6 km

Der Bahnhof **Thesdorf** ist von der Straßenbrücke aus erreichbar. Am westlichen Bahnsteigende befindet sich ein kleines Empfangsgebäude mit Kiosk und Fahrkartenschalter, welches gleichzeitig als Unterstand bei schlechtem Wetter dient.

Thesdorf *station is accessible via a road bridge. At the western end of the platform there is a small entrance building with a kiosk and ticket office; it also serves as a shelter in bad weather.*

S3 Halstenbek

(1883) 22-09-1967 | 2,3 km

Ähnlich wie in **Krupunder** oder **Thesdorf** gibt es auch auf dem Bahnhof **Halstenbek** kaum Bemerkenswertes zu sehen, nachdem das kleine hölzerne Empfangsgebäude für den zweigleisigen Ausbau der S-Bahnstrecke im Jahr 1982 abgerissen werden musste. Der nicht überdachte Bahnsteig ist an beiden Enden über eine Unterführung erreichbar.

Halstenbek *station, just like* ***Krupunder*** *or* ***Thesdorf****, does not really have any features worth mentioning, the small, wooden station building being pulled down in 1982 to allow the double tracking of the S-Bahn route. The uncovered platform is accessible at either end via an underpass.*

Krupunder S3

22-09-1967 I 2,4 km

Der S-Bahnhof **Krupunder** liegt knapp außerhalb Hamburgs. Nur der Bereich der Treppenanlage am westlichen Bahnsteigende und kleine Wartehäuschen, einer Bushaltestelle ähnlich, bieten auf diesem einfachen Bahnsteig Schutz für wartende Fahrgäste.

*The S-Bahn station **Krupunder** lies just outside the Hamburg city boundaries. The simple platform only offers protection in the area of the staircase at the western end, and in the form of small shelters in the middle of the platform.*

S21 Elbgaustraße S3

(1945?) 26-05-1965 I 2,2 km

Der Bahnhof **Elbgaustraße** ist die Endstation für die Linie S21, in verkehrsschwachen Zeiten werden hier auch manche Züge der S3 gekürzt. Westlich des Bahnhofs befindet sich eine größere Abstellanlage. Der Bahnhof ist ein wichtiger Umsteigepunkt zu den Bussen Richtung Lurup, wohin seit langer Zeit eine U-Bahn geplant ist.

***Elbgaustraße** is the terminus for line S21; during off-peak hours some S3 trains are shortened here, too. To the west of the station there is a large depot. **Elbgaustraße** is an important transfer station for buses going to and from Lurup, where an extension of the U-Bahn has been planned to be built for a long time.*

S3 | Eidelstedt | S21

(?) 26-05-1965 | 1,2 km | ► A1

Mit dem Bau der Pinneberger S-Bahn wurde die AKN-Linie bis **Eidelstedt** zurückgenommen. Dieser Bahnhof bestand schon früher an der Kieler Bahn und hat sich für den S-Bahnbetrieb nicht wesentlich verändert. Die Züge der Linie A1 halten am selben Bahnsteig wie die S-Bahn, zum Wenden fahren sie auf ein zwischen den S-Bahngleisen liegendes Abstellgleis östlich des Bahnhofs. Bis 2006 soll eine niveaufreie Einfädelung der AKN-Strecke gebaut werden.

When the S-Bahn was extended to Pinneberg, the AKN line was cut back to ***Eidelstedt****. This station had already existed on the line to Kiel prior to the S-Bahn's introduction. A1 trains use the same platform as the S-Bahn; they reverse on a special track lying between the S-Bahn tracks east of the station. By 2006, a grade-separated junction will be built here.*

S3 | Stellingen | S21

22-05-1966 | 2,1 km

Auch an der AKN-Strecke gab es vorher, etwas weiter südlich gelegen, einen Halt **Stellingen**; der S-Bahnhof wurde zum Sommerfahrplan 1966 eröffnet und dient vor allem als Zugang zur AOL-Arena (früher Volksparkstadion) und zur neuen Color Line Arena. Gestalterisch unterscheidet sich dieser Bahnhof wesentlich von den anderen der Pinneberger S-Bahn durch sein doppelt geknicktes Bahnsteigdach und die türkisfarbenen Fliesen, die man selbst am Eingang noch finden kann.

Along the former AKN route there was another stop called ***Stellingen****, located further south. The S-Bahn station* ***Stellingen (Arenen)*** *was opened in the spring of 1966, and provides access to the city's main stadium and the new Color Line Arena. The design of the station can easily be distinguished from that of the rest of the stations along the Pinneberg route by its bent platform roof and turquoise tiles, which can also be found at the entrance.*

S21 Langenfelde S3

22-02-1962 | 1,5 km

Im Bereich **Langenfelde** benutzt die S-Bahn teilweise die ehemalige Trasse der AKN, die immer weiter zurückgedrängt wurde. Auf eine besondere Gestaltung der Bahnhöfe entlang der Pinneberger S-Bahn wurde im Allgemeinen verzichtet. Am Bahnhof **Langenfelde** gelangt man über eine Fußgängerunterführung zum Mittelbahnsteig, der nur im Bereich des Aufgangs überdacht wurde.

*In the area of **Langenfelde** the S-Bahn makes partial use of the former AKN alignment, which was cut back twice as a result. In general, not much emphasis was put on station design along the Pinneberg S-Bahn. The island platform at **Langenfelde** is accessible via an underpass, the platform only being covered near the staircase.*

S21 Diebsteich S3

22-02-1962 | 1,3 km

Der erste Abschnitt der Pinneberger S-Bahnstrecke mit der Ausfädelung von **Holstenstraße** stellte den ersten S-Bahnneubau seit 1918 dar. Der Bahnhof **Diebsteich** liegt hinter dem Paketpostamt, das auf dem Gelände des ehemaligen AKN-Bahnhofs am Kaltenkirchner Platz errichtet wurde.

*The first section of the Pinneberg S-Bahn, including the junction west of **Holstenstraße**, represented the first extension of the S-Bahn network since 1918. **Diebsteich** station lies behind the central parcels office, which was established on the grounds of the former AKN terminus at Kaltenkirchner Platz.*

Altona | Königstraße | Reeperbahn | Landungsbrücken | Stadthausbrücke | Jungfernstieg | Hauptbahnhof
▶ siehe / see S1 (Seiten / pages 97–101)

S3 Hammerbrook S31

23-09-1983 | Hauptbahnhof 1,6 km

Durch den Stadtteil **Hammerbrook** fährt die S-Bahn als Hochbahn auf einem 1,7 km langen Betonviadukt. Der 1983 eröffnete, rote Hochbahnhof **Hammerbrook (City Süd)** wurde nach Plänen der Architektengemeinschaft Schramm, Pempelfort, von Bassewitz und Hupertz gebaut und erntete bei seiner Eröffnung viel Anerkennung. Sein Äußeres soll die Dynamik eines schnellen Zuges darstellen – zu jener Zeit ahnte noch niemand, dass einmal alle Nahverkehrszüge der DB rot sein sollen.

*Through the area of **Hammerbrook**, the S-Bahn runs on a 1.7 km elevated concrete structure. The elevated station **Hammerbrook (City Süd)**, opened in 1983, was designed by the architects Schramm, Pempelfort, von Bassewitz and Hupertz and was much acclaimed when it was inaugurated. Its exterior look represents the speed of trains – at that time no-one could have known that one day all DB local trains would carry a red livery.*

S3 Veddel S31

(1907) 23-09-1983 | 3,0 km

Vor Überqueren der Norderelbe auf einer östlich neu angelegten Brücke erreicht die S-Bahn die 1872 eröffnete Fernbahnstrecke Richtung Harburg. In den Tagen der Dampf-S-Bahn (die zwischen **Hauptbahnhof** und **Veddel** außerdem die Haltestellen Oberhafen und Elbbrücke bediente) empfing die Fahrgäste in Veddel ein imposantes Backsteingebäude, welches beim Bau der S-Bahn verschwand. Der Bahnsteig wurde dabei nach Süden auf eine Brücke über die sog. Müggenburger Durchfahrt verschoben, um am Südzugang eine Buswendeschleife anlegen zu können.

Before crossing the Norderelbe on a new bridge, the S-Bahn joins the mainline to Harburg, which opened in 1872. In the days of steam 'S-Bahn' trains (when two more stations, Oberhafen and Elbbrücke, existed between **Hauptbahnhof** and Veddel) a huge brick building welcomed passengers at **Veddel**. This building had to disappear when the S-Bahn was built, and the platform was moved southwards onto a bridge across the so-called 'Müggen-burger Durchfahrt'. This allowed the building of a small bus terminal at the southern exit.

S31 Wilhelmsburg S3

(1891) 23-09-1983 I 2,6 km

Der neue S-Bahnsteig wurde etwas südlich der früheren Haltestelle angelegt. Am Südausgang entstand ein kleiner Busbahnhof, außerdem eine Fußgängerbrücke nach Westen über die Gleise der Fernbahn.

The new S-Bahn platform was built a bit further south of the former train station. At the southern exit there is a small bus terminal; there is also a pedestrian bridge towards the western side across the mainline tracks.

S3 Harburg S31

(1847/1897) 23-09-1983 | 5,2 km

Kurz nach Überqueren der Süderelbe verlässt die S3 die Fernbahnstrecke wieder, taucht in den 4,2 km langen Harburger Tunnel ein und erreicht nach einer langen Rechtskurve den unterirdischen S-Bahnhof **Harburg**, der bei laufendem Betrieb quer unter den Gleisen der Fernbahn gebaut wurde. Die Stationsschilder sind an die London Underground angelehnt: der englische Ingenieur Charles Blacker Vignoles, der Erfinder der Vignolschiene, baute 1847 die erste Eisenbahn in Harburg. Das Bahnhofsgebäude von Architekt Hubert Stier stammt aus dem Jahre 1897 und besteht aus einem seitlichen Bauwerk und einem Inselbauwerk zwischen den Gleisen, beide sind durch eine Eisenbrücke verbunden.

Shortly after crossing the Süderelbe, S3 leaves the mainline route and disappears into a 4.2 km tunnel through Harburg. After a long right turn it reaches the underground station ***Harburg****, which was built perpendicularly below the mainline tracks without service interruption. The station signs are reminiscent of the London Underground – in 1847, the English engineer Charles Blacker Vignoles, the inventor of the Vignol rails, built the first railway line in Harburg. The station building by architect Hubert Stier dates back to 1897, and consists of a main building on the western side and an island building between the tracks, both linked by an iron bridge.*

S31 **Harburg Rathaus** S3

Harburg Rathaus

23-09-1983 I 0,9 km

Der unterirdische Bahnhof **Harburg Rathaus** im Herzen der bis 1937 selbständigen Stadt wurde großzügig mit drei Gleisen ausgebaut, um hier für aussetzende Züge genug Platz zu schaffen. Die hier endenden Züge der Linie S31 verwenden das mittlere Gleis am Mittelbahnsteig, so dass eine Weiterfahrt Richtung **Neugraben** am selben Bahnsteig nicht möglich ist. Der 200 m lange Bahnhof ist in vielen verschiedenen Farben gefliest und könnte bei Bedarf als Schutzraum für 5000 Menschen bereitstehen.

*The underground station at **Harburg Rathaus** lies in the centre of the district, which until 1937 was an independent city. This station was built with three tracks; S31 trains terminating here use the central track at the island platform, so continuing a trip to **Neugraben** from the same platform is not possible. The 200 m long station is tiled in many different colours and may be used as a civil defence shelter for 5,000 people.*

S3 Heimfeld

05-08-1984 I 1,3 km

Im westlichen Harburger Stadtteil **Heimfeld** entstand eine unterirdische Station an der Pauluskirche mitten im Wohngebiet. Der Bahnsteig ist über ein Verteilergeschoss in der Mitte der Bahnhofsanlage erreichbar. Während die Wände und Stützpfeiler in Grün gehalten sind, setzt sich der Zugangsbereich durch orangefarbene Fliesen ab. Die Haltestellen Unterelbe und Tempo-Werk, beide zu weit von den Wohngebieten entfernt, wurden nach der Inbetriebnahme der S-Bahn geschlossen.

*In the western Harburg neighbourhood of **Heimfeld** an underground station was built adjacent to St. Paul's church. The platform can be reached via a concourse located in the middle of the station complex. Whereas the station walls and pillars are tiled in green, the staircase contrasts with them in loud orange. Two train stations, Unterelbe and Tempo-Werk, were closed when the S-Bahn began operating; both were too far from residential areas.*

S3 Neuwiedenthal

05-08-1984 I 5,9 km

Der einfache Bahnhof **Neuwiedenthal** ersetzte die ehemalige Haltestelle Hausbruch, die weiter östlich lag. Der Bahnsteig ist an beiden Enden über eine Unterführung erreichbar. Auf dem langen Abschnitt zwischen **Heimfeld** und **Neuwiedenthal** gab es immer wieder die Forderung, einen Halt Bostelbek einzurichten.

*The simple station **Neuwiedenthal** replaced the former stop Hausbruch, which was located further east. The platform of this station can be accessed via an underpass at either end. There have been persistent requests for another station at Bostelbek, along the long section between **Heimfeld** and **Neuwiedenthal**.*

Neugraben

(1881) 05-08-1984 | 1,7 km

An der Endstation **Neugraben** (23,5 km vom Hauptbahnhof entfernt) ist vom alten Bahnhof nichts übrig geblieben. Am mittleren Bahnsteig kann man direkt zu den Nahverkehrszügen nach Buxtehude umsteigen. An der Südseite des Bahnhofs halten die Busse direkt am Bahnsteig der in Richtung Stadtzentrum abfahrenden S-Bahnzüge. Ab 2007 sollen 2-System-Züge als S-Bahnen nach Buxtehude und Stade weiterfahren. Dafür soll noch auf Hamburger Gebiet die Station Fischbek gebaut werden.

*At the terminus **Neugraben** (23.5 km from the Central Station) nothing is left of the former station. At the central platform, direct interchange is possible with local trains to Buxtehude. On the southern side, buses leave passengers directly at the platform for city-bound trains. From 2007, dual-voltage trains will continue from here to Buxtehude and Stade. A new station called Fischbek, still within the Hamburg city boundaries, will have been built by then.*

S-BAHNFAHRZEUGE

Bis 2001 konnte man auf Hamburgs S-Bahnstrecken noch vier verschiedene Fahrzeuge sehen, heute sind es nur noch zwei. Eine Einheit besteht aus 3 Wagen (66 m lang und 3,0 m breit) und bildet einen Kurzzug; ein Vollzug besteht aus zwei, ein Langzug aus drei Einheiten.

Until 2001, four different types of trains could be seen on Hamburg's S-Bahn routes, but today there are only two left. Generally, one unit consists of three cars (in total 66 m long and 3.0 m wide) and is referred to as a 'Kurzzug' [short train]; a 'Vollzug' [full-length train] is made up of two units and a 'Langzug' [long train] out of three.

Baureihe 471/871

In den dreißiger Jahren des vorigen Jahrhunderts beschloss die Deutsche Reichsbahn, die bis dahin mit Wechselstrom über Oberleitung betriebene S-Bahnlinie nach Berliner Vorbild auch im Hinblick auf zukünftige Tunnelstrecken auf Gleichstrom mit seitlicher Stromschiene umzurüsten. Zu diesem Zweck beschaffte sie von 1939 bis 1943 47 dreigliedrige S-Bahnzüge, die ab 1940 im Mischbetrieb mit Wechselstromzügen auf der Linie Poppenbüttel – Blankenese, der heutigen S1/S11, eingesetzt wurden. Die beiden angetriebenen Endwagen mit eichenen Holzlattenbänken hatten je einen Führerstand und waren für die 2. Klasse reserviert (bis 1956 – 3. Kl.). Der Mittelwagen war mit Mahagoni und Plüschsitzen ausgestattet und daher der 1. Klasse (bis 1956 – 2. Kl.) zugeordnet, außerdem ohne Antrieb. Im 2. Weltkrieg wurde ein Zug zerstört und 6 weitere beschädigt. Dieser robuste Zug bewährte sich sehr gut, weshalb zwischen 1954 und 1955 21 technisch verbesserte Züge nachgebaut wurden, und somit 68 dieser Züge im Einsatz standen. Mit diesen Fahrzeugen war es nun möglich, 1955 den parallelen Wechselstrombetrieb stillzulegen. 1958 wurden die letzten fünf Züge dieser Bauart beschafft, womit der Bestand nun auf 73 anwuchs. Die Baureihe 471 kam nur um 1960 gelegentlich auch auf der Neubaustrecke nach Bergedorf zum Einsatz, denn bis zu ihrer Ausmusterung 2001 blieb die S1/S11 die Hochburg dieser Züge.

1984 wurden einige Züge in Stuttgart modernisiert und kamen anschließend optisch und technisch ertüchtigt als ‚Cannstatter Züge' zurück. Auch sie wurden bis 2001 abgestellt. Obwohl viele Züge in den achtziger Jahren dem Bundesbahndesign beige/ozeanblau angepasst wurden, gab es bis zum Schluss Züge in klassischer Farbgebung – Endwagen blau und Mittelwagen blau/creme. Ein Zug von 1954 wird derzeit in seinen Ursprungszustand zurückversetzt. Die Einheit 062 ist noch einsatzfähig und wird für Sonderfahrten verwendet.

Class 471/871

In the 1930's, the decision was taken to convert the S-Bahn's original power supply system, which used alternating current supplied via a catenary, to direct current from a third rail, following the Berlin model and in view of planned tunnel stretches. For this purpose, 47 3-car S-Bahn units were ordered between 1939 and 1943. From 1940, these trains were in service together with the AC trains on the Poppenbüttel – Blankenese route, today's S1/S11. Both end cars were motorised and had a driver's cabin; their wooden benches were meant for second class passengers (until 1956 the third class). The unmotorised middle car, however, was panelled in mahogany and its upholstered seats were reserved for the first class (until 1956 the second class). As this train proved very reliable, another 21 technically more advanced units were built between 1954 and 1955, making the old AC trains finally redundant in 1955. In 1958, the last five of this series was ordered, bringing the total number to 73. Class 471 trains were rarely in service on the new route to Bergedorf opened in 1958, they mostly remained on S1/S11.

In 1984, some of these trains were modernised in Stuttgart, but they were all finally scrapped in 2001. In the 1980's, many trains changed their livery to beige/ocean blue, although some remained in their original blue, with the middle car alone being blue-and-cream. A 1954 train is currently being restored to its original state; unit 062 is still in working order and used on special occasions.

(Foto 1 Jan Bartelsen)

Baureihe 470/870

(Fotos 1-3 Jan Bartelsen)

Der Bau einer zweiten S-Bahnlinie nach Bergedorf bzw. Pinneberg machte eine umfangreiche Erweiterung des Wagenparks erforderlich. Daher entwickelte die DB zusammen mit der Industrie einen neuen Zug, der sich technisch und optisch erheblich von der BR 471 unterschied. Vor allem erreichte dieser Zug eine Höchstgeschwindigkeit von 100 km/h, gegenüber 80 km/h beim Vorgänger. Auch hier war der Mittelwagen ein reiner Beiwagen. Die ersten 16 Züge wurden 1959/60 ausgeliefert. Es folgten zwei weitere Lieferungen 1967 mit 8 Zügen und abschließend 1968-70 21 Züge, so dass nun 45 Züge dieser Bauart im Einsatz standen. Diese Bauart kam vornehmlich auf der S2 (Aumühle – Pinneberg) zum Einsatz, später dann auch auf der S21 und S3/S31 nach Harburg, während sie auf der S1 eigentlich nie zu sehen war. Ursprünglich waren diese Züge wie die Vorgänger blau und blau/creme, doch ab etwa 1985 wurden einige Züge in beige/ozeanblau umlackiert.

Recht unspektakulär endete der Einsatz dieser Züge 2003, als die letzte Einheit ausgemustert wurde. Die Einheiten 128 und 129 sollen als Museumszüge erhalten bleiben.

Class 470/870

The construction of a second S-Bahn line to Bergedorf and Pinneberg made it necessary to expand the numbers of existing rolling stock. Together with Deutsche Bundesbahn, the rail industry developed a new train which technically and visually was quite different from class 471. Compared to the 80 km/h of its predecessor, the new train could attain a maximum speed of 100 km/h. The middle car was still unmotorised. The first 16 units were delivered in 1959/60, followed by another 8 in 1967 and finally 21 more in 1968/70, bringing the total number of class 470 trains in service then to 45. This train was mainly used on line S2 (Pinneberg – Aumühle), but later also on line S21 and on S3/S31 to Harburg, whereas it was hardly seen on S1. Initially these trains came in a blue and blue-and-cream livery like their predecessors, but from 1985 most were repainted in beige and ocean blue. The last unit was scrapped in 2003, although units 128 and 129 may be preserved as historic trains.

BR472 vor und nach der Modernisierung
Class 472 before and after refurbishment

Baureihe 472/473

Für die Erweiterung des Hamburger S-Bahnnetzes ab 1975 wurde die Beschaffung von neuen S-Bahnzügen nötig. Wegen der stellenweise steilen Strecken wurde nun ein an allen Rädern angetriebener Zug beschafft, wodurch der 1. Klasse-Mittelwagen auch ein Triebwagen wurde; daher die Bezeichnung 473 für den Mittelwagen. Zunächst wurden zwischen 1974 und 1976 30 Einheiten beschafft, die anfänglich auf der S10 (Hauptbahnhof – Landungsbrücken) und auf der seinerzeitigen S2 zum Einsatz kamen. Von 1982 bis 1984 wurden weitere 32 Einheiten in technisch verbesserter Form geliefert, die nun auch auf der neuen Harburger Strecke anzutreffen waren.

Derzeit werden die Züge dieser Bauart einem Modernisierungsprogramm unterzogen, wobei sie nun in der neuen Farbgebung rot/weiß unterwegs sind und sich somit den heutigen Hamburger S-Bahnfarben bzw. den Nahverkehrsfarben der DB anpassen. Neun Einheiten steht diese Modernisierung derzeit noch bevor. Die 1. Klasse wurde 2001 abgeschafft. Die BR472/473 kommt auf allen Linien zum Einsatz, sie ist jedoch meist auf den Linien S21 und S31 zu sehen.

Class 472/473

For the expansion of the S-Bahn network from 1975 on, new trains were needed. Due to some steep tunnel ramps an all-motorised train was chosen, which meant that the middle first-class car also became motorised (hence the designation 473 for the middle car). 30 units were delivered between 1974 and 1976 and were initially used on S10 (Hauptbahnhof – Landungsbrücken) and on the former S2. From 1982 to 1984, 32 technically more advanced units were added for service on the new route to Harburg. These trains are currently undergoing an extensive modernisation programme and are being painted in red, thus adapting them to the new colour scheme for the S-Bahn and all other local and regional DB trains. Only nine units have not been upgraded yet. Class 472 is in service on all S-Bahn lines, although mostly seen on S21 and S31. First class coaches were finally abolished in 2001.

Baureihe 474/874

In den neunziger Jahren hatte die Hamburger S-Bahn vermehrt darunter zu leiden, dass der Wagenpark durchschnittlich immer älter wurde und kaum Reservezüge vorhanden waren. Deshalb entwickelte die Bundesbahn eine neue Baureihe, die bewusst optisch dem DT4 der Hochbahn ähneln sollte. Es entstand bis 1996 ein neuer dreigliedriger S-Bahnzug. Im Unterschied zur BR472/473 sollten nur die Endwagen angetrieben werden, der Mittelwagen hingegen antriebslos bleiben. Bis 2001 war der Mittelwagen der 1. Klasse vorbehalten. Die Fußbodenhöhe von 1020 mm ermöglicht einen stufenlosen Einstieg. Eine Einheit bietet 208 Sitzplätze und 306 Stehplätze.

Die Auslieferung wurde 2003 mit insgesamt 103 Einheiten abgeschlossen. Die von Alstom und LHB gebauten, rot-weißen Drehstromzüge kommen heute auf allen S-Bahnlinien zum Einsatz. Die Baureihen 472/473 und 474/874 können nicht in einem Zugverband betrieben werden.

Class 474/874

During the 1990's, the S-Bahn began suffering from old rolling stock. In the event of breakdowns hardly any spare trains were available, so Deutsche Bundesbahn started working on a new type of train, which should have been similar to the U-Bahn's class DT4. By 1996 a new 3-car train was ready, with once again the first-class middle carriage being left unmotorised. This red-and-white train, driven by three-phase asynchronous motors, is used on all S-Bahn lines. Its floor lies 1020 mm above the tracks to allow level access into the vehicle. One unit has a capacity of 208 sitting and 306 standing passengers. The delivery of a total of 103 units was concluded in 2003. Classes 472/473 and 474/874 cannot be coupled together to form a single train.

Zweisystemzüge

Ab 2007 wird der S-Bahnbetrieb über Neugraben hinaus bis nach Stade erweitert. Da die zu erwartende Zahl an Fahrgästen den Bau unabhängiger Gleise mit Stromschienen nicht rechtfertigen würde, beschloss man, diese Strecke mit Zweisystemzügen, also sowohl mit Gleichstrom an der Stromschiene (1200 V) als auch unter der Bundesbahnoberleitung mit Wechselstrom (15.000 V), zu befahren. Dazu sollen 23 Züge der BR474 umgebaut und neun weitere neu beschafft werden. Mit diesen Zügen besteht nun auch die Möglichkeit, den S-Bahnbetrieb ohne größere Baumaßnahmen nicht nur nach Stade, sondern auch nach Elmshorn und zu anderen entfernteren Zielen auszudehnen. Auch die Einrichtung von Express-S-Bahnlinien auf Fernbahnstrecken wäre damit denkbar.

Dual-system trains

From 2007, the S-Bahn will be extended from Neugraben to Stade. The expected ridership does not justify the construction of separate S-Bahn tracks, so a dual-system solution has been chosen. The route will be operated by trains capable of using both direct current from a third rail (1200 V) as well as alternating current from a catenary (15,000 V). 23 of the present class 474 trains will be upgraded and another 9 new trains will be ordered. This solution opens up new perspectives for S-Bahn extensions not only to Stade, but also to Elmshorn and further destinations. The use of express S-Bahn trains on mainline tracks may also be considered.

Eidelstedt (S3, S21 siehe Seite / see page 124)

Die Abkürzung AKN steht für die 'Eisenbahn-Gesellschaft Altona-Kaltenkirchen-Neumünster', heute ein Netz mit dieselbetriebenen Vorort- und Regionalbahnlinien im Raum nördlich von Hamburg. Die Stammstrecke von Altona über Quickborn nach Kaltenkirchen wurde 1884 eröffnet und 1916 bis Neumünster verlängert. Bereits ab 1930 wurden auf dieser Strecke Dieselfahrzeuge eingesetzt. Die Hauptwerkstatt der AKN befindet sich seit 1957 in Kaltenkirchen.
Für den städtischen Nahverkehr in Hamburg und seiner nächsten Umgebung sind vor allem die Linien A1 (Eidelstedt – Kaltenkirchen – Neumünster) und A2 (Norderstedt Mitte – Ulzburg Süd) relevant. Die AKN betreibt außerdem die Strecken Ulzburg Süd – Elmshorn (A3, stündlich), Neumünster – Bad Oldesloe und Neumünster – Büsum.

Die heutige **Linie A1** hatte ursprünglich ihren Endbahnhof am Gählerplatz im Zentrum von Altona. Die Strecke verlief Richtung Quickborn entlang der Kieler Straße und überquerte die damals ebenerdige Verbindungsbahn am Bahnhof Holstenstraße niveaugleich. 1912 wurde die Endstation an den Kaltenkirchner Platz nordwestlich des S-Bahnhofs Holstenstraße verlegt und eine eigene Trasse etwas weiter westlich angelegt. Von den originalen Bahnhofsgebäuden ist noch ein Backsteinbau in Schnelsen erhalten, der heute als Restaurant genutzt wird, während das in Quickborn vor wenigen Jahren abgerissen wurde. Im Zuge des S-Bahnbaus Richtung Pinneberg wurde die Strecke weiter zurückgenommen und endet seit 1965 am S-Bahnhof Eidelstedt. Bislang überqueren ankommende AKN-Züge das stadtauswärts führende S-Bahngleis und halten am S-Bahnsteig, so dass die Fahrgäste an derselben Bahnsteigkante in die nächste S-Bahn einsteigen können. Die AKN-Züge wenden auf einem eigenen Gleis zwischen den S-Bahngleisen östlich des Bahnhofs. Durch die Gleiskreuzungen der ankommenden Züge kann es bei Verspätungen zu Behinderungen zwischen S-Bahn und AKN kommen, weshalb man beschloss, bis 2006 eine niveaufreie Einfädelung zu bauen.

Seit 1990 besteht auf dem Abschnitt Eidelstedt – Kaltenkirchen ein 20-Minutentakt, stündlich fahren die Züge weiter bis Neumünster (64 km). Ab Dezember 2004 sollen die Züge mit umgebauten 2-System-Fahrzeugen abends bis zum Hauptbahnhof durchfahren. In Zukunft soll auch zwischen Eidelstedt und Quickborn in der morgendlichen Spitze ein 10-Minutentakt angeboten werden. Die Strecke bis Kaltenkirchen wird nach und nach zweigleisig ausgebaut, gleichzeitig wurden die Bahnhöfe Ulzburg (2000, jetzt Henstedt-Ulzburg), Eidelstedt Ost (2003, jetzt Eidelstedt Zentrum) und Kaltenkirchen (2004) tiefer gelegt, wegen der Dieselabgase aber nicht vollkommen abgedeckt. Am 25. November 2002 wurde der Halt Hörgensweg eröffnet. Mittelfristig ist zwischen Hörgensweg und Schnelsen der Bau der Haltestelle Schnelsen Süd (Julius-Leber-Schule) geplant. Bis Burgwedel liegt die A1-Strecke auf Hamburger Stadtgebiet.

A1 A2 AKN

The acronym AKN stands for 'Altona-Kaltenkirchen-Neumünster Railway', which operates a network of diesel-driven suburban and regional trains in the area north of Hamburg. The company's main line from Altona via Quickborn to Kaltenkirchen opened in 1884 and was extended to Neumünster in 1916. Diesel trains were being used on this line as early as 1930. Since 1957, AKN's main workshop and depot has been located in Kaltenkirchen.

The lines relevant for urban and suburban transit in and around Hamburg are lines A1 (Eidelstedt – Kaltenkirchen – Neumünster) and A2 (Norderstedt Mitte – Ulzburg Süd). AKN also operates an hourly service between Ulzburg Süd and Elmshorn (A3), and the routes Neumünster – Bad Oldesloe and Neumünster – Büsum.

Today's ***line A1*** *had its original terminus at Gählerplatz in the centre of Altona; the route to Quickborn followed the main road to Kiel, crossing the first link railway at grade near Holstenstraße station. In 1912, the Altona terminus was moved north to Kaltenkirchner Platz, west of Holstenstraße S-Bahn station; the route to Quickborn was then relocated further west onto a separate right-of-way. At Schnelsen, the station building from that period has survived but is now used as a restaurant. The one at Quickborn was demolished a few years ago.*

As a consequence of the S-Bahn construction to Pinneberg, the AKN line was cut back to Eidelstedt in 1965. Since then, arriving AKN trains have been crossing the outbound S-Bahn track to reach the inbound side of the platform, so passengers can board the next S-Bahn at the same platform edge. Due to these track crossings, occasional delays may cause repercussions on the other system, and a grade-separated junction will therefore be built by 2006.

1+2 Eidelstedt Zentrum
3 Ulzburg Süd

Die **Linie A2** entstand aus der Alsternordbahn, die ab 17. Mai 1953 zwischen Ulzburg Süd und Ochsenzoll (12 km) pendelte. Diese in den neunziger Jahren zweigleisig ausgebaute Strecke wurde zweimal mit Verlängerung der U-Bahn (1969 bis Garstedt und 1996 bis Norderstedt Mitte) verkürzt und hat heute eine Länge von 7,6 km mit 7 Haltestellen. Der Halt Friedrichsgabe entstand 1957, und 1992 ersetzte die Station Moorbekhalle die beiden Haltepunkte Waldstraße und Harckesheyde. Die Strecke wird im Auftrag der Verkehrsgesellschaft Norderstedt von der AKN alle 20 Minuten betrieben. In Norderstedt Mitte endet die Linie A2 zwischen den Gleisen der U1. Auch in Ulzburg Süd benutzt die A2 das mittlere Gleis, während auf den äußeren Gleisen zeitgleich die Züge der A1 aus beiden Richtungen einfahren, so dass immer optimale Umsteigemöglichkeiten bestehen.

Die AKN verwendet seit 1976/77 neue Fahrzeuge (VTE) mit dieselelektrischem Antrieb. Die von Linke Hofmann Busch (Salzgitter) und Brown Boveri (Mannheim) gebauten Züge sind 2,93m breit und haben einen hohen Einstieg der mit den S-Bahnsteigen kompatibel ist. Ein 6-achsiger Doppeltriebwagen ist 30 m lang und 3,5 m hoch. Neben den 15 Triebwagen des Typs VTE befinden sich noch 18 im Jahre 1993 gelieferte ähnliche Fahrzeuge vom Typ VTA im Einsatz.

Norderstedt Mitte (U1 siehe Seite / see page 12)

Since 1990, a 20-minute headway has been operated between Eidelstedt and Kaltenkirchen; trains continue to Neumünster every hour (64 km). From December 2004, upgraded dual-system trains will run through to the Central Station in the evenings. For the future, a morning rush-hour headway of 10 minutes is planned for the Eidelstedt – Quickborn section. The route is being double-tracked as far as Kaltenkirchen, and the stations Ulzburg (2000, now Henstedt-Ulzburg), Eidelstedt Ost (2003, now Eidelstedt Zentrum) and Kaltenkirchen (2004) have been moved to a lower level, but because of the diesel exhaust fumes they cannot be covered completely. On 25 November 2002, a new stop was added at Hörgensweg. Mid-term plans include the stop Schnelsen Süd (Julius-Leber-Schule) located between Hörgensweg and Schnelsen. As far as Burgwedel, line A1 lies within the Hamburg city boundaries.

The number ***A2*** *was assigned to the former Alsternordbahn, which began running between Ulzburg Süd and Ochsenzoll (12 km) on 17 May 1953. This line, which was double-tracked in the 1990's, was cut back twice, while the U-Bahn line U1 was extended (in 1969 to Garstedt and in 1996 to Norderstedt Mitte); it currently has a length of 7.6 km with 7 stations. Friedrichsgabe was added in 1957, and in 1992 the stops Waldstraße and Harckesheyde were replaced by a single stop called Moorbekhalle. The line is operated every 20 minutes by AKN on behalf of ‚Verkehrsgesellschaft Norderstedt'. At Norderstedt Mitte, line A2 terminates between the U1 tracks, while at Ulzburg Süd it also uses the middle track, with the arrival of A1 trains from both sides at the same time making transfers fast and easy.*

Since 1976/77, new diesel-electric trains (VTE) have been in service on AKN lines. These trains were produced by Linke Hofmann Busch (Salzgitter) and Brown Boveri (Mannheim) and are 2.93 m wide. The floor height is compatible with that of S-Bahn platforms. A 6-axle double unit is 30 m long and 3.5 m high. Besides the 15 units of the VTE series, 18 similar trains of the VTA series have been running since 1993.

1 Henstedt-Ulzburg
2+3 Kaltenkirchen

Andere Bücher *Other Books*

U-Bahn

Museum der Arbeit (Hrsg.): Unterwegs. 90 Jahre Hamburger U-Bahn. – 2002, Christians Verlag, Hamburg, ISBN 3-7672-1399-0

Arbeitsgemeinschaft Blickpunkt Straßenbahn (Hrsg.): Die Geschichte der Hamburger Hochbahn. – 1999, Berlin, ISBN 3-926524-16-2

Joachim Häger & Hans-Jürgen Simmersbach: Hammonia und ihre U-Bahn. – 1986, Christians Verlag, Hamburg, ISBN 3-7672-9967-4

Lutz Achilles & Erwin Möller: 75 Jahre Langenhorner Bahn. Geschichte einer Lebensader. – 1993, Eigenverlag, Hamburg

S-Bahn

Wolfgang Pischek, Jan Borchers & Martin Heimann: Die Hamburger S-Bahn. Mit Gleichstrom durch die Hansestadt. - 2002, GeraMond, München, ISBN 3-7654-7191-7

Erich Staisch (Hrsg.): Die Hamburger S-Bahn. Geschichte und Zukunft. – 1996, Ellert & Richter Verlag, Hamburg, ISBN 3-89234-694-1

Martin Heimann & Harald Hansen: Die Gleichstrom-S-Bahn in Hamburg. – 1989, Verein Verkehrsamateure und Museumsbahn e.V., Hamburg, ISBN 3-923999-12-7

Sonstige / Others

Uwe-Jens Jansen: Die Eisenbahn in Hamburg. Vom Nadelöhr zur leistungsfähigen Magistrale – historische Entwicklung und Zukunftsvision. – 1999, Carlsen Verlag/Die Hanse, Hamburg, ISBN 3-551-88506-0

Anne Frühauf: Die Bauwerke des Schienenverkehrs in Hamburg. – 1994, Christians Verlag, Hamburg, ISBN 3-7672-1205-6

Katharina Marut-Schröter & Jan Schröter: Hamburgs Bahnhöfe. Verkehrs-Tempel und Haltepunkte im Wandel. – 1994, Medien-Verlag Schubert, Hamburg, ISBN 3-929229-23-4

Klaus Frahm & Dirk Meyhöfer: Bahnhofswelt. Bahnen und Bahnhöfe in Hamburg. – 1983, Edition Braus, Heidelberg, ISBN 3-921524-23-7

Websites

Hamburger Hochbahn AG (U-Bahn) – www.hochbahn.de
S-Bahn Hamburg GmbH – www.s-bahn-hamburg.de
Hamburger Verkehrsverbund (Tickets) – www.hvv.de
Bahninfo (News) – www.bahninfo.de
UrbanRail.Net (News in English) – www.urbanrail.net

05-12-1906: [S] Blankenese – Ohlsdorf (prov.)
01-10-1907: [S] Blankenese – Ohlsdorf (el.)

15-02-1912: [U] Barmbek – Rathaus via Berliner Tor
10-05-1912: [U] Barmbek – Kellinghusenstraße
25-05-1912: [U] Kellinghusenstraße – St. Pauli
29-06-1912: [U] St. Pauli – Rathaus
01-06-1913: [U] Schlump – Christuskirche
01-10-1913: [S] + Rübenkamp
21-10-1913: [U] Christuskirche – Emilienstraße
23-05-1914: [U] Emilienstraße – Hellkamp
01-12-1914: [U] Kellinghusenstraße – Ohlsdorf
27-07-1915: [U] Hauptbahnhof – Rothenburgsort
05-01-1918: [U] Ohlsdorf – Ochsenzoll (prov.)
15-12-1918: [S] Ohlsdorf – Poppenbüttel (prov.)
12-09-1918: [U] Barmbek – Volksdorf – Großhansdorf / Ohlstedt (prov.)
01-01-1919: [U] + Langenhorn Nord
22-05-1919: [X] Barmbek – Volksdorf – Großhansdorf / Ohlstedt

06-09-1920: [U] Barmbek – Volksdorf (el.)
01-07-1921: [U] Ohlsdorf – Ochsenzoll (el.) + Fuhlsbüttel Nord
05-11-1921: [U] Volksdorf – Groß Hansdorf (el.)
17-06-1922: [U] + Ahrensburg Ost & Kiekut
12-03-1924: [S] Ohlsdorf – Poppenbüttel (el.)
01-02-1925: [U] Volksdorf – Ohlstedt (el.)
07-04-1925: [U] + Meiendorfer Weg
25-05-1925: [U] + Klein Borstel
02-06-1929: [U] Kellinghusenstraße – Stephansplatz

23-06-1930: [U] + Habichtstraße
25-03-1931: [U] Stephansplatz – Jungfernstieg (prov.)
29-04-1931: [S] + Alte Wöhr (Stadtpark)
28-04-1934: [U] + Jungfernstieg

28-07-1943: [X] Hauptbahnhof – Rothenburgsort
14-05-1950: [S] Blankenese – Sülldorf
31-10-1950: [S] + Iserbrook
20-05-1954: [S] Sülldorf – Wedel
01-06-1958: [S] Berliner Tor – Bergedorf
04-10-1959: [S] Berliner Tor – Hauptbahnhof (– Altona)

22-02-1960: [U] Jungfernstieg – Meßberg
10-05-1960: [U] + Kiwittsmoor
02-10-1960: [U] Meßberg – Hauptbahnhof
02-07-1961: [U] Hauptbahnhof – Lübecker Straße via Lohmühlenstraße
01-10-1961: [U] Lübecker Straße – Wartenau
22-02-1962: [S] Holstenstraße – Langenfelde
28-10-1962: [U] Wartenau – Wandsbek Markt
03-03-1963: [U] Wandsbek Markt – Straßburger Straße
04-08-1963: [U] Straßburger Straße – Wandsbek-Gartenstadt
01-05-1964: [X] Schlump – Hellkamp
26-05-1965: [S] Langenfelde – Elbgaustraße
30-05-1965: [U] Schlump – Lutterothstraße
30-10-1966: [U] Lutterothstraße – Hagenbecks Tierpark
02-01-1967: [U] Berliner Tor – Horner Rennbahn
22-09-1967: [S] Elbgaustraße – Pinneberg
24-09-1967: [U] Horner Rennbahn – Legienstraße
29-09-1968: [U] Berliner Tor – Hauptbahnhof Nord
01-06-1969: [U] Ochsenzoll – Garstedt
01-06-1969: [S] Bergedorf – Aumühle
28-09-1969: [U] Legienstraße – Billstedt

28-05-1970: [S] + Nettelnburg
31-05-1970: [U] Schlump – Gänsemarkt
31-05-1970: [U] Billstedt – Merkenstraße
03-06-1973: [U] Hauptbahnhof Nord – Gänsemarkt
30-05-1975: [S] Hauptbahnhof – Landungsbrücken
26-09-1975: [U] + Sengelmannstraße
18-04-1979: [S] Landungsbrücken – Altona

31-05-1981: [S] Altona – Diebsteich
23-09-1983: [S] Hauptbahnhof – Harburg Rathaus
05-08-1984: [S] Harburg Rathaus – Neugraben
02-06-1985: [U] Hagenbecks Tierpark – Niendorf Markt

29-09-1990: [U] Merkenstraße – Mümmelmannsberg
09-03-1991: [U] Niendorf Markt – Niendorf Nord
29-05-1994: [X] Bergedorf – Aumühle
28-09-1996: [U] Garstedt – Norderstedt Mitte
01-06-1997: [S] Bergedorf – Reinbek
30-05-1999: [S] + Allermöhe
26-05-2002: [S] Reinbek – Aumühle

+ zusätzlicher Bahnhof / additional station
[X] geschlossen / closed
(prov.) provisorischer Betrieb / temporary service
(el.) elektrifiziert / electrified

HAMBURG
U-BAHN & S-BAHN
Stadtzentrum / City Centre
U1 Norderstedt Mitte
Hudtwalckerstraße
S1 Poppenbüttel
U2 Wandsbek-Gartenstadt
Borgweg
Sierichstraße
Kellinghusenstraße
Saarlandstraße
Barmbek
U3
Eppendorfer Baum
Klosterstern
Dehnhaide
Hoheluftbrücke
Hamburger Straße
U2 Niendorf Nord
Hallerstraße
Mundsburg
Christuskirche
U1 Ohlstedt / Großhansdorf
Schlump
Ritterstraße
Sternschanze
Außenalster
Uhlandstraße
Wartenau
S1 Poppenbüttel
Dammtor
Landwehr
S21 Elbgaustraße
S31 Altona
Messehallen
Lübecker Straße
Stephansplatz
Lohmühlenstraße
U3 Mümmelmannsberg
Feldstraße
Binnen-
alster
Hauptbahnhof
Nord
Burgstraße
Gänsemarkt
Berliner Tor
Jungfernstieg
S31
Reeperbahn
Stadthausbrücke
Hauptbhf. Süd
St. Pauli
Mönckeberg-
straße
Steinstraße
S1 Wedel
S3 Pinneberg
Rathaus
Rödingsmarkt
Meßberg
Hammerbrook
Landungsbrücken
Baumwall
U4
Überseequartier
Lohsepark
Rothenburgsort
S21 Aumühle
Norderelbe
S3 Neugraben
S31 Harburg Rathaus
2004 © Robert Schwandl

HAMBURG U-BAHN & S-BAHN

Bahnhofsverzeichnis *Station List*